Werner Hummel

K-AHA-THOLISCH
MIT ZWEI AUGEN SIEHT MAN BESSER

Zukunft aus der Tradition

„Die Kirche ist zweihundert Jahre lang stehengeblieben.

Warum bewegt sie sich nicht?"

(Carlo Maria Card. Martini)

Bibliografische Information der Deutschen Nationalbibliothek:
Die Deutsche Nationalbibliothek verzeichnet diese Publikation in der
Deutschen Nationalbibliografie; detaillierte bibliografische Daten sind im
Internet über http://dnb.dnb.de abrufbar.

Herstellung und Verlag: BoD – Books on Demand, Norderstedt

ISBN: 9783757811341

„Et si ita sedet, erit sensus, quia Ecclesiam tempore et loco peregrinationis suae duae res consolentur; de praeterito quidem, memoria passionis Christi; de futuro autem, quod se in sortem sanctorum cogitat et confidit recipiendam. **Ambo haec, veluti ante et retro oculata, insatiabili desiderio contuetur.**"

Bernhard von Clairvaux(1090-1153), Sermo LXII)[1]

„Und wenn er [der Engel] sich dort niederlässt, wird ein sinnhaftes Gefühl entstehen, weil zwei Sichtweisen die Kirche auf ihrer zeitlichen und örtlichen Pilgerschaft trösten werden; aus der Vergangenheit jedenfalls die Erinnerung an das Leiden Christi; auf die Zukunft hin aber die gedankliche Ausrichtung auf das Geschick der Heiligen und das Vertrauen darauf es selbst zu empfangen. Diese zweifache Haltung wird die Kirche, wenn sie ein Auge zurück- und ein Auge nach vorne wendet, in unstillbarer Sehnsucht [nach Gott] beschützen."

„Der Engel des Herr lässt sich nieder bei denen, die dem Herrn mit Ehrfurcht begegnen. Er schützt sie von allen Seiten und rettet sie." (Ps 34,8)

I

Vorwort

Besonders die römisch-katholische Kirche, meine Kirche, scheint blind- und taub geworden zu sein für die Nöte und Sorgen, auch Interessen und Urteile vieler Menschen, wenn man die Austrittszahlen der letzten Jahre ansieht.[2]

Dieser Befund ist ungerecht, weil er das Engagement unzähliger Menschen, Bischöfe, Ordensleute, Priester, Diakone, pastoraler Mitarbeiter, Religionslehrerinnen und Religionslehrer nicht nur in der Seelsorge, der wissenschaftlichen Beschäftigung mit dem Glauben, in den wichtigen und funktionierenden Einrichtungen der sozialen Dienste (Caritas, Sozialdienst katholischer Frauen, Männerseelsorge, etc.) entwertet.

Dieser Befund trifft zu, weil die Strukturen der Glaubens- und Wissensvermittlung, der klassischen Hilfsangebote den Bedürfnissen vieler sich verabschiedender Menschen nicht entsprechen. Sie trugen und tragen zu einem bis zur Aufdeckung des Missbrauchsskandals eher stillen, danach lauten Auszug aus der Kirche bei. Die „Entfremdung", die Ludwig Feuerbach im 19. Jahrhundert im Verhältnis zwischen Denken und Glauben konstatiert und den Glauben als „Projektion" entlarvt zu haben meint, zeigt sich nun im 21. Jahrhundert in einem noch vor Jahrzehnten unmöglich gehaltenen Glaubwürdigkeitsverlust kirchlichen Handelns. Der massenhafte Mitglieder-Exodus aus den Großkirchen ist Symptom dieses Autoritätsverlustes.[3] Ihr geht ein Funktionsverlust in der Vermittlung zentraler christlicher Handlungen voraus, der seine Ursache keineswegs allein im individuellen theologischen Versagen oder pastoralen Ungenügen hat, sondern – das ist meine These – in der „Blindheit" gegenüber den Lebens- und Ordnungsstrukturen der eigenen Tradition. Eine angstgeprägte Verweigerungshaltung gegenüber dem Denken, Fühlen und Wollen vieler

Menschen im Verbund mit einer festzustellenden Unfähigkeit, das Gut des katholischen Glaubens in die Nähe der Empfindung des „Wahren, Guten und Schönen" zu bringen, ergibt sich aus dem unreflektierten Festhalten an Sprach- und Kommunikationsstilen vergangener Jahrhunderte. Unaufgeklärt ist diese, insofern sie die in der eigenen Tradition offen liegenden Prinzipien nicht angemessen zur Geltung bringt. Diese Geringschätzung der eigenen theologischen Möglichkeiten zeigt sich in jedem Bereich, der für kirchliches Handeln entscheidend ist, z.B. auch in der Gottesdienstgestaltung, in der die Anliegen vieler Glaubender nicht (angemessen) repräsentiert werden. Lieb- und geistlos ritualisierte Gottesdienste, die banale psychische Selbsteinsichten verbreiten oder biblische Texte ohne ihren geschichtlichen, eschatologischen Hintergrund in die Gegenwart der Zuhörer stellen, hinterlassen einen bitteren – oftmals

lebensfeindlichen Nachgeschmack: Nietzsches –
durchaus mehrsinniger, dem „tollen Menschen" in
den Mund gelegter - Abgesang kann einem in den
Sinn kommen: „Was sind diese Kirchen noch, wenn
sie nicht die Grüfte und Grabmäler Gottes sind?" (Die
fröhliche Wissenschaft, Nr. 125).

Wenn aufgeschlossene Menschen die Kirchen als
Wege und Orte, auf denen sie vorankommen und
Halt finden könnten, verlassen, dann liegt dies
vorrangig nicht in einer unpassenden, eben
kirchlicher Tradition entfremdeten Haltung, sondern
einer Angststörung, einer Neurose, einer
verengenden Verliebtheit in die Vergangenheit
seitens der die Kirche repräsentierenden Menschen,
zumeist Männer. Die „Naherwartung" heute
lebender Menschen gerät aus dem Blick.

Sie – wie etwa den Prozess der Kanonbildung - zu
erwähnen, würde die Auseinandersetzung mit dem
Begriff der „Geschichtlichkeit", d.h. der Veränderung

in Ihrer Interpretation zur Folge haben. Die Folgen dieser narzisstischen Missachtung der Texte sind für die Kirche(n) katastrophal. Umgekehrt: Wo diese innere Hemmung zur Veränderung aufgehoben ist und die Bereitschaft zur „Erklärung" vorhanden ist, wird der Herzschlag Gottes beim Einzelnen, wie in der Gemeinschaft spürbar.

Im Bereich gesellschaftlichen und staatlichen Handelns kann man eine Analogie zur Missachtung der Geschichtlichkeit im kirchlichen Raum nachvollziehen.

„Wenn die Autobahn, z.B. aufgrund des Straßenzustandes, unbefahrbarer Brücken, versäumter Maßnahmen, etc. blockiert ist, nutzen und verstopfen die Verkehrsteilnehmer die Umgehungsstraßen."

Am besten wäre es, wenn es zu einer „Verkehrswende" mit neuen, intelligenten und menschenfreundlichen Antworten auf das

Bewegungsbedürfnis der Menschen kommen würde. Das wird jedoch dauerhaft nicht mit einem Billigticket gelingen. Ein gutes Angebot kostet: quantitativ und qualitativ. Das Bedürfnis der Menschen trifft auf eine veraltete, unterfinanzierte Bahnstruktur. Die Bahn in „vollen Zügen" auf dem Stehplatz wird niemand auf Dauer mit Begeisterung benutzen.

Wie es im Verkehrsbereich viele gegensätzliche, teilweise aus der psychischen Veranlagung stammende (z.B. die Liebe der Deutschen zum Auto) Haltungen gibt, so finden sich auch innerhalb der katholischen Kirche unterschiedliche Haltungen, die zu Spannungen führen. Diskussionen um die Stellung des päpstlichen und bischöflichen Lehramts, die Anfrage nach einer stärker synodal verfassten Kirche, die Öffnung aller kirchlicher Ämter für Frauen und Männer, überhaupt die Bestimmung dessen, was „Laien" in der Kirche sind, usw. stellen bisherige „Lebensabläufe" in Frage und rufen eine Verhärtung im Diskurs hervor, die eine notwendige Erneuerung verhindert. Jede Veränderungsbemühung scheint unter den Verdacht der Aufgabe der tradierten „Wahrheit" zu fallen. Die Versuchung zum Fundamentalismus, zur Abschottung stellt sich. Anonyme Schreiben, verkürzte Zitationen werden in die Öffentlichkeit gebracht, um der vermeintlich „anderen Seite" zu schaden. Und am Ende entscheidet nicht das bessere Argument, sondern die angemaßte Autorität. Religion als „Projektion" (Feuerbach), „Illusion" (Freud), als „Krankheit", vielleicht sogar zum Tode (Kierkegaard), wenn Veränderung unmöglich ist?

Wieder andere drohen der „Kirche" mit ihrer Kündigung und vollziehen diese auch, wenn es nicht schnell genug in ihrem Sinne vorwärts geht. Ihr Blick – bei aller Unterstützung für die notwendige Reform – richtet sich nach „Vorne", aber vielleicht nicht nach „oben". Beide Richtungen sind notwendig. Jedenfalls ist auch diese Haltung ein Alarmzeichen für fehlende Kommunikation. „Austrittsschreiben" kommen zu spät. Einen guten Weg muss sicher jeder selbst in Freiheit gehen. Die Kirche ist kein Laufband. Wäre es so, hätte man sich örtlich" und „zeitlich" verändert, bliebe aber in der Selbstzuwendung allein. Auch an die Bewahrung vor dieser Versuchung sollte gedacht werden: „Religion" ist kein ausschließlicher „Wertelieferant", kein Ersatz für eine nichtfunktionierende „UNO".

Wenn Autoritäten versagen, bleibt die Selbstvergewisserung dessen, was "katholisch" vor allem ist: eine „Qualität", eine „Haltung" (Habitus), eine Einstellung zu den Menschen, mit denen man zusammenlebt. Die folgenden Seiten gleichen einem „inneren Monolog", sind „selbstreferentiell" und in Hinsicht auf die theologischen Voraussetzungen äußerst verkürzt. Inhaltlich wird nicht auf die unterschiedlichen Verhältnisbestimmungen von

Religion und Gesellschaft unter den Stichworten Säkularisierung, „Markttheorie" oder „Transformation"[4] eingegangen Diese können Gegenstand einer soziologischen oder fundamentaltheologischen Betrachtung sein. Vielmehr möchte ich im Hinblick auf die Gestalt Jesu auf die Verletzlichkeit der Existenz des Einzelnen und ihre fehlende theologische Verortung als einen der Gründe für den Akzeptanzverlust der kirchlichen Erzählung aufmerksam machen. Als Konsequenz der Auseinandersetzung mit der Antike, die in vielerlei Hinsicht nicht nur Übernahme, sondern auch Distanzierung bedeutete, ging im europäischen Christentum das Bewusstsein der Tragik menschlicher Existenz verloren, obwohl sie in den Begegnungsgeschichten Jesu meistens die Grundanlage der Textstelle darstellt.

In einem ersten Teil (A) nehme ich nach einem Plädoyer für Neuorientierung die Wahrnehmungsmöglichkeiten, das katholische Sensorium in den Blick. Die Zuwendung zu den Sinnen innerhalb der Kirche kann das geschwundene Interesse in einer säkularisierten, aber nicht religionsfeindlichen Welt, nicht ausgleichen, stellt aber einen Anknüpfungspunkt für sinnoffene Menschen dar. In einem zweiten Teil (B) möchte ich an wenigen, ausgewählten Heilungserzählungen Jesu vor allem aus dem Markus-Evangelium zeigen, wie stark Jesus selbst sinnlich handelte und von diesen erstrangigen, oft tragischen, Bedürfnissen seiner Mitmenschen bewegt war. Er identifizierte sich mit ihnen, half Menschen aus ihren Ängsten. Der dritte Teil (C) geht der Frage nach, wie sich Katholiken über ihren Glauben Gewissheit verschaffen können, ohne in Fundamentalismus oder Weltflucht zu verfallen.

Ein Blick auf Prinzipien der Glaubensvergewisserung im Judentum und im Islam zeigt, dass diese Bemühung keine typisch katholische Aufgabe ist, sondern zu den Grundbedingungen für eine funktionierende Religionsgemeinschaft gehört.

Jeder Glaube benötigt Selbstkritik als Selbstvergewisserung. Das schon immer spannungsreiche Verhältnis von Tradition und Rezeption, die Tatsächlichkeit von Veränderung in der Interpretation im kirchlichen Raum wird in wenigen Sätzen angedeutet, ein weiser Reformansatz Bernhard von Clairvaux skizziert. Die Vielfalt geschichtlicher Einflüsse betont die Notwendigkeit eines schlüssigen, dynamischen „Schaltplans" theologischer Erkenntnis. Die Anwendung der Prinzipien theologischer Erkenntnis in der Gegenüberstellung von Vergangenheit und Zukunft, Lehramtspositivismus versus Synodalität ist – so meine Schlussfolgerung - die systemische Grundlage, die den innerkirchlichen Erneuerungsprozess stabilisiert und Glaub-würdigkeit nach außen zurückgewinnt. Der katholischen Kirche und ihren Mitgliedern wird ein lebensfreundlicher, nachhaltiger, nachvollziehbarer, „weiser" Weg aufzeigt.

Der Wunsch nach „Verständnis" und „Erklärbarkeit" dieser Lebensoption existiert von Anbeginn an (vgl. 1 Petr 3,15), kommt aber nur zaghaft, „einäugig" – sieht man von den sog. Gottesaufweisen und dem Beispiel der Heiligen ab - im innerkirchlichen Leben zur Anwendung. Die *„Kirche mit den beiden Augen"*, hält sich noch ein Auge verschlossen. Dass ich mit zwei Augen besser sehen kann, auch als Brillenträger, ist vielen nicht bewusst oder wird aus einer inneren Hemmung heraus nicht vollzogen: Sie hat ihre tiefste Wurzel in der Angst vor Veränderung. Viele Amtsträger gleichen den Männern, die erst ins Wasser gehen wollen, wenn sie schwimmen können. Sie sind die „Trockenkursler des Lebens".[5] Petrus dachte vermutlich nicht an seinen Schwimmkurs (falls er überhaupt schwimmen konnte), als der dem Ruf „Komm!"(Mt 14,29) auf das Wasser des Sees Genesareth folgte. Der Sehnsucht nach Gott, die dem Ruf Gottes entspricht, mit allen Sinnen zu folgen, hält geistig lebendig und beseitigt die Angst. Verirrungen in Seiten- und Holzwegen bewahren nicht vor der Erkenntnis: Wir sind keine einsamen Zyklopen (Einäugige), die in einer Höhle leben, sondern in einer Welt, in der zwischen Glaube und Unglaube nicht mehr unterschieden wird.

Ein neuer Spürsinn für das Wesentliche ist gefragt. Navigationshilfen für das Schiff meines Lebens. So ist der letzte Teil ein Plädoyer für die Aktivierung und Freilegung einer schon bekannten Struktur. *„Wenn es einen Wirklichkeitssinn gibt, muss es auch etwas geben, das man Möglichkeitssinn nennen kann. Wer ihn besitzt, sagt beispielsweise nicht: Hier ist Dies oder Das geschehen, wird*

geschehen, muss geschehen; sondern er erfindet: Hier könnte, sollte oder müsste geschehen; und wenn man ihm von irgendetwas erklärt, dass es so sei, wie es sei, dann denkt er: Nun, es könnte wahrscheinlich auch anders sein."
(Robert Musil, Der Mann ohne Eigenschaften)[6].

Katholiken müssen nichts er-, sondern nur wiederfinden, was Ihrer Zeit zugrunde liegt. Der Indikativ der Liebe Gottes regiert den Konjunktiv menschlicher Moralität. Ohne Phantasie, dass die gegenwärtige – in vielen Bereichen lieblose - Situation auch anders sein könnte, bleibt der Impuls Gottes im Dunkel selbstgemachter Moralität stecken: „könnte, sollte oder müsste, aber ist nicht!"

A.　　Mehrsinnige Wahrnehmung

1.　　Plädoyer für eine Erneuerung

　　„Gott ist für den heutigen Atheisten eine sinnlose Vorgabe, also keine Wirklichkeit. Von Gott zu reden ist desgleichen sinnlos. Von einer Kirche, die sich auf ihn beruft, gilt selbstredend das Nämliche."[7] Der Dogmatiker

Wolfgang Beinert, dessen Veröffentlichungen den Wandel des Denkens und Empfindens im Umfeld der Katholischen Kirche der letzten 70 Jahre umfänglich beschreiben, stellt eine drastische Veränderung in der Einstellung gegenüber der christlichen Lebensoption fest. Die säkulare Gesellschaft stillt ihr Transzendenzbedürfnis aus der Vielfalt anderer Weltanschauungssysteme heraus, bleibt aber noch im Denk- und Erlebnisfeld christlicher Traditionen auf der Suche nach Sinn. In den Gemeinden und dem immer noch von vielen Kindern- und Jugendlichen besuchten Religionsunterricht zeichnete sich – so der Theologe - über Generationen hinweg eine Situation ab, die man weder mit dem Begriff „Wandel" von Einstellungen beschönigen noch mit dem einfachen Wort des „Glaubensverlustes" erklären sollte.[8] Aussagen, die auf eine tieferliegende Orientierungskrise zumindest europäischer

Gesellschaften hindeuten, aber zunächst offenlassen, worin die Verantwortung der Kirchen selbst liegt.

Lange Zeit herrscht(e) innerhalb der Führung der Katholischen Kirche eine Art „Schockstarre" vor, ausgelöst durch gesellschaftliche Umbrüche, Erschütterungen und dem vermeintlichen Dilemma jeder Verkündigung: Dem unbeugsamen Festhalten am Wortlaut der Botschaft und der Notwendigkeit und Verpflichtung, diese Botschaft in Raum und Zeit in einem Sinnhorizont zu formulieren und Räume der Verständigung über Gott und den Mitmenschen bereitzustellen („Theotope"). Ein einseitiger in die Vergangenheit (als mutmaßlich sicherem, weil „toten" Lebensraum) gerichteter geschichtlicher Traditionalismus in Abwehrstellung zu jeder Neuerung steht bis heute eine der Gegenwart oft unkritisch zugewandten – vermeintlich in die „Zukunft" gerichteten „Aufbruchstimmung" gegenüber. Möglicherweise steht auch hierbei eine

Form der Angst vor der Übernahme von Verantwortung für die eigene Geschichte und die Geschichte der Glaubensgemeinschaft, der man bisher angehörte, als Symptom einer allgemeinen Bindungsunfähigkeit als Ursache fest.

Dabei befinden sich „Religion und Religiosität" als institutionelle Vorgabe und als pluraler subjektiver Aneignungsakt – trotz der Unmöglichkeit das Bedürfnis danach zu ersticken – auf dünnem Eis, das die einmal psychische Struktur vieler Kirchenleitender widerspiegelt: „Festhalten um jeden Preis an dem vermeintlich Bewährten und abwarten, bis die Stürme der Zeit und der Veränderungen sich gelegt haben." Eine oft missverstandene apokalyptische Grundhaltung (vgl. Röm 5,3-4; Offb 2,2), die den Ursache-Wirkungszusammenhang auch in den Kirchen missachtet und am Anspruch Jesu vorbei geht, ebenso wie die Flucht in die kirchliche Utopie des „Sofort" und „Jetzt".

Die Aufdeckung struktureller und persönlicher Gewalt gegenüber Kindern, Jugendlichen, Erwachsenen im Umkreis kirchlicher Verantwortungsträger verschärft diese Polarisierung zwischen Beharren und Flucht in die Zukunft.

Theologisch jedenfalls wirkungslos, sogar schädlich sind die Versuche, in den alten Strukturen des 19. und 20. Jahrhunderts, die Botschaft Jesu argumentativ und persönlich glaubwürdig einer agnostischen, „digitalisierten", im Grunde dennoch (noch) nicht religionsfeindlichen Gesellschaft des 21. Jahrhunderts zu vermitteln.

Zum Verlust des dadurch mitverursachten Glaubenswissens kommt der Absturz in die höllische Einsamkeit der Unglaubwürdigkeit. „Den Himmel zum Sprechen bringen" – dieses Bedürfnis vieler Menschen vor den Kirchentüren stillen überraschenderweise ausgerechnet Philosophen, die den Gedanken des „Todes Gottes" in ihrer sprachlichen und gedanklichen Mehrdeutigkeit aufnahmen, wie z.B. Peter Sloterdijk.[9] Auch thematisch entgleitet in der Gegenwart die Erzählung den damit eigentlich beauftragten, „ordinierten" Erzählern.

Im Innenraum der Kirche muss man sich so mit dem theologischen Alphabet beschäftigen (Primärstufe) und die Fähigkeit neu entwickeln, die eigenen Überzeugungen im Blick auf das Denkvermögen der Außenstehenden zu formulieren (Sekundarstufe). Die binnenkirchlich verschmähte Didaktik („Wie sage ich etwas, damit es akzeptiert werden kann?") gerät so wieder ins Zentrum. Heutige Katechese muss in vielen Bereichen am Nullpunkt beginnen.

Notwendige Reformen, Erweiterungen bedürfen in dieser Neu- und Grundorientierung somit einer Form von Gespräch, die sich der eigenen, sehr fragwürdigen, Voraussetzungen bewusst ist. Dazu muss jeder zunächst sehen und kann dann im Dialog aussprechen, was tatsächlich ist (Analyse). Ein dunkler Tiefpunkt – in der Geschichte des europäischen Christentums - scheint erreicht. Ist der blinde Fleck im eigenen Auge das Ende? Oder ist der tiefste Punkt der „Nacht" auch der Beginn des neuen „Tages"; offenbart er die restlose Verwiesenheit auf das Geheimnis unseres Lebens? Das ist keineswegs sicher. Die Angst, die sich hier zeigt, kann produktiv sein.

Was ist also angesichts des o.g. Funktionsverlustes kirchlicher Pastoral zu tun? Im Blick auf die Rezipienten der christlichen Botschaft stehen Strukturen der Kirche in Frage. Ihre Aufgabe ist es, das Mysterion der Botschaft Jesu zu bewahren, in dem es in der Sprache der Hörer angemessen und auf neue Art erzählt wird. Die biblische Botschaft ist eine Geschichte des Heils. Damit ist sie von sich aus auch „mythisch" und könnte auf ein großes Interesse stoßen. In vielen säkularisierten westlichen Ländern ist diese Erzählung in einer medial-mythisch überladenen Gesellschaft jedoch versandet. Um ihr Feuer zu entfachen, ist eine Reform nötig, die die existenziellen Ansprüche – die Tragik - des Evangeliums betont. „Sapere aude!" – „Wage es Geschmack zu haben im Land der Faden!" Das Evangelium ist die Aufklärung über den Geschmack des Lebens, das Gott schenkt. Eine Garantie für diese Entdeckung gibt es nicht. Es fehlen z.B. die Erzählerinnen und Erzähler, die den Zusammenhang zwischen Text und Leben herstellen können, weil sie um die Verletzlichkeit alles Lebenden wissen.

Bei allen „Narrativen", die einen aufgeschlossenen Hörerkreis erreichen wollen, muss gelten: Vorrang der Botschaft vor der Vermittlung vor der Form. Die Botschaft darf nicht in der Didaktik der Erzähler aufgehen. Die innere Abstimmung und Beziehung zwischen Botschaft, Vermittlung und Form weckt erst das Interesse.

Der „unbekannte Gott" (Apg 17,23) wohnt damals in Athen wie heute in Berlin in einer multiethnischen und ethisch pluralen Umwelt. Ihn vor dem Hintergrund einer vorgegebenen Tradition zu entdecken ist eine Aufgabe, die „didaktisch" (für die Zuhörer in geeigneten Portionen), aber auch sozialphilosophisch dargestellt werden muss, z.B. in der Caritas.

Eine praktische Erfüllung dieser Gestaltungsaufgabe war über zeitliche Strecken hinweg ungenügend trotz des hervorragenden Einsatzes vieler Mitarbeiterinnen – und Mitarbeiter. Nach „Innen" z.B. wurden die Prinzipien der Soziallehre nicht einmal im kirchlichen Arbeitsrecht angemessen berücksichtigt. Hierfür gibt es Gründe, die analysiert werden und in eine (auch innere) Reform münden müssen. Wie könnte diese aussehen?

Sozialprinzipien:

Personalität	Mensch als Individual- und Sozialwesen	Gen 1,27
Subsidiarität	Hilfe zur Selbsthilfe, wo nötig	Gal 6,2; Ex 18,12-26
Solidarität	„Einer für alle, alle für einen"	1 Joh 3,17; Phil 2,5-8
Nachhaltigkeit	Verantwortung gegenüber zukünftigen Generationen	Gen 1-2; Ps 8; Ps 104; Jes 11,1-9; Röm 8,20-22
Gemeinwohl	Wohlergehen, Heil für alle Menschen	Röm 12,5

Ü 1

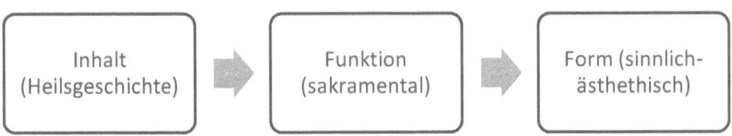

Ü 2

Das „Dienstpersonal" (die „Ämter") ist vorrangig auf diese o.g. Aufgaben hin auszubilden. Der Versuchung zur Selbstbespiegelung, zu Narzissmus und Klerikalismus, dem Verstecken der eigenen Person hinter einem vermeintlich heiligen „Amt" muss – schon immer schädlich – durch psychische Supervision beendet, eine Öffnung aller Ämter in der Kirche für verheiratete und unverheiratete Frauen und Männer entschieden werden, sobald es zu einem lehramtlichen Konsens darüber kommt. Die dogmatischen Grundsätze der Kirche scheinen dies zuzulassen. Die grundsätzlich sakramentale Begründung kirchlicher Ämter steht dabei nicht zur Disposition. Sie ist in der Praxis Jesu begründet. Die ästhetische Kraft und Schönheit der Liturgie als Sublimierung (Erhebung) des Gedächtnisses an diese Praxis darf nicht als Mauer gegen notwendige geschwisterliche Kritik missverstanden werden. Es gibt Grund zur Hoffnung. Die Beschränkung auf eine beklagenswerte Gegenwart kann nicht zufriedenstellen. Wenn es einen „Wirklichkeitssinn" (Robert Musil) gibt, muss es auch einen „Möglichkeitssinn" geben und dieser kann im „Blick zurück" (retro) die Wandelbarkeit der Kirche als Hoffnungszeichen für eine absolute Zukunft verdeutlichen. Kirche bewegt sich eben doch.

Der katholische „way of life" in einer multiethnischen und multipluralen Welt beginnt mit den Sinnen. Ohne ihre „Aufwertung", wird kein Weg zu einer

„Sinnerfahrung" führen, die Leiblichkeit ernst nimmt. Das ist eine Bemühung, die auf allen theologisch bedeutsamen Feldern angegangen werden muss, eben auch im Bereich der Zulassungskriterien für die Anerkennung kirchlicher Berufung. Sie ist weithin noch androzentrisch, männerzentriert, eigentlich patriarchalisch.

Veränderungen, Vermittlungen, Erfahrungen können umso leichter geschehen, je deutlicher der dienliche Zusammenhang mit einer geeigneten theologischen Architektonik, einem kirchlichen „Schalt- und Raumplan" ist. Dieser kann eine Brücke zur Aufnahme einiger Erneuerungsanliegen sein. Dabei gilt es die Koordinaten in den Focus zu nehmen.

Die *Heilige Schrift* als Urkunde jeglichen theologischen Gesprächs muss – neben ihrer historisch-kritischen, tiefenpsychologischen, sozialgeschichtlichen, etc. Betrachtungsweise – wieder aus ihrer jüdisch-christlichen, auch aus ihrer kanonischen Gestalt gelesen werden, wenn der heutige Leser auf hermeneutischem Weg den faszinierenden Horizont der Vergangenheit in sich aufnehmen soll. Die Leuchtkraft der Gestalt Jesu trat zuerst in ihrer gelebten, radikalen Durchdringung der Torah auf. Hier ist der Ruf „ad fontes!" („zu den Quellen") auch im Sinne einer wertschätzenden Neubewertung der „alten Sprachen" (Hebräisch, Griechisch, Latein) angebracht. Ohne sie gibt es keinen angemessenen Zugang zu den Urkunden des Glaubens. Die Heilige Schrift ist der Schatz, der die Hoffnung der Freunde und Freundinnen Jesu bewahrt.

Im Zentrum der *Kirche*, die sich – analog zur jüdischen Synagogengemeinde - als „lernende Gemeinschaft" verstehen sollte, stehen die Begegnungsgeschichten Jesu. Sie sind die formalisierten, überraschenden und ergreifenden Beispiele, wie Gott handelt und gewähren lässt. Im Geheimnis der Person Jesu kann dem Leser, Hörer und Täter des Wortes aufgehen, wer er selbst ist. Die eigene Lebensgeschichte muss an den Diskurs angebunden werden, den Jesus angestoßen hat.

Die Kirche sollte sich jetzt - nach den Jahrhunderten der Selbstabschottung und des Papstzentrismus - als geschichtliches, fehlbares Symbol der Gegenwart Gottes in der Vielfalt der Söhne und Töchter verstehen lernen: als von der dreieinigen Struktur Gottes in der Taufe geeinte, analoge Gemeinschaft, deren Unähnlichkeit mit dem zweiten „Adam", dem „sichtbaren Bild des unsichtbaren Gottes" (Kol 1,15) jede Ähnlichkeit qualitativ und quantitativ als unverdientes Geschenk des Schöpfers bekennt. Dafür gibt es einen Fachbegriff: „Kenosis", „Entäußerung", besser: Bescheidenheit im Dienst für andere. Darin besteht das „Mysterion" – Geheimnis.

Schließlich kann diese *„Umkehr"* zum katholischen Prinzip nur geleitet sein von einer Empathie, die das Mitfühlen Gottes (compassion) mit seiner leidenden –

in Tragik versunkenen - Schöpfung ernst nimmt. Soteriologisch (theopsychologisch) begegnen sich im Leben der heils- und hilfsbedürftige Mensch und der ansprechbare, auf unseren Anruf wartende Gott. Gott wartet und wirkt in der Spannung von „schon und noch nicht". „Jahwe hilft": Jeschua oder Josua ist sein Name. Die Kirche ist der erste, aber nicht einzige „Theotop"(Gottesraum) einer Erfahrung, die weltentgrenzend ist.

2.   Die Sinne ernst nehmen
2.1   Der katholische Blickwinkel (visus)

„'Cattolico' è una qualità." - „Katholisch ist eine Qualität." Mit dieser Aussage lenkt der Theologe Hans-Urs von Balthasar den Blick auf eines der vier Kennzeichen der Kirche, wie sie im Nicäno-Konstantinopolitanischen Glaubensbekenntnis 381 formuliert wurden.[10] Sie markiert zunächst eine Haltung nach innen, in die Gemeinde hinein und weitet sich mit der Entwicklung des Glaubenslebens auch in geographischer und zeitlicher Hinsicht. Sie ist eine gedankliche Entfaltung eines Urgeschehens, das sich an jegliche Lebensform richtet: der Offenbarung Gottes und der Teilhabe der Kreatur an der Totalität der Liebe Gottes, die in Jesus Christus die leidvolle Partikularität allen Lebens angenommen und so in sich aufgenommen hat, dass dieses Leben dem „Ganzen nach" eine neue unüberbietbare „Qualität" erhält.[11] Nichts und Niemand geht verloren, weil Gott dem „Verlorenen" nachgeht und es wieder in die Freude der Gemeinschaft mit sich und allen anderen zurückführt.[12] Leben, das von Gott angenommen wird, wird niemals „verloren" sein.

Dieses Handeln Gottes, das im Kreuz seinen tiefsten menschlichen Schlusspunkt findet, ermöglicht allen, die als Einzelne in der Gemeinschaft der Anhänger Jesu daran teilhaben wollen und sich in der Annahme der Taufe diese „Rettungskette" erweitern, offen zu werden für das eschatologische Ziel alles Lebens:

Verbindung mit dem Urgrund und Geheimnis des Lebens, das sich in allem, was lebt, spiegelt und sich im erwiderten Blick Jesu auf den Menschen als „Weg, Wahrheit und Leben" (Joh 14,6) eröffnet.

„Konfessionell" ist das Adjektiv „katholisch" nur im ursprünglichen Sinn zur verstehen als Eingeständnis[13] der eigenen Rettungsbedürftigkeit und als Hoffnung auf ein letztes Gefunden- oder Angenommen-Sein. Es ist ein Zeichen der „Inklusion" gegenüber jedem Lebewesen, das auf der Suche ist. Vor den Gedanken der Menschen erreicht es die „Fühlschicht" des Menschen; sie ist mit dem lateinischen „sentire" nur unzulänglich beschrieben.[14] Es ist Ausdruck der „Empathie" Gottes mit allem Lebendigen, das „seufzt und in Geburtswehen liegt" (Röm 8,22). Als Adjektiv, formuliert es, „mit den Augen des Glaubens" (Pierre Rousselot) als Perspektive konnotiert, eine freiheitssetzende, psychisch-erlebnishafte Totalität und Universalität Nicht nur im Blick auf die

„bewohnte Erde", sondern makro- und mikrokosmisch ist „katholisch" ein ständiger Begleiter des Wortes „ökumenisch". „Katholisch" und „ökumenisch" zeigen sich als qualitativ ununterscheidbarer Denk- und Erlebnishorizont.

Der Mensch in seiner Erwiderung auf den ihn ansehnlich machenden Blick Gottes, ist das Wesen der Mitte zwischen dem maximal Kleinsten und Größten, dem „Innersten" und „Äußersten". Der Skopus (Blick) auf Gott und sich selbst, als restlos abhängiges Sein, erschließt dem Menschen die Verantwortung gegenüber seiner Mitwelt. Er wird „mittig", sieht, „was ist", wird wesentlich und selbst zum Träger eines katholischen, entdeckenden, enthüllenden, befreienden, rettenden, einfühlenden, liebenden MEMS. Diese Katholizität ist für alle Menschen, die entlang den Grundfunktionen der Religion auf der Suche nach Sinn, Suche, Angstbefreiung, Orientierung, Askese, etc. sind, relevant, erleichternd und emporhebend. In einer agnostischen, empathiearmen, in weiten Teilen depressiven und säkularisierten mitteleuropäischen Gesellschaft „enthüllt"[15] sich die Qualität unseres Lebens so als verdankte, befreite Existenz, als Geschenk, das in keiner Denk- und Sprachform angemessen beschrieben werden kann. Diese „Qualität" kennt ein „Darüber-Hinaus" unserer Existenz und weist somit eine tiefe Hoffnung aus.

2.2 Die Sprache (sermo)

Die Gebundenheit von Religion und Theologie an verschiedene lautlich und grammatisch, graphisch und bedeutungsmäßig unterschiedliche Sprachen, ist Ausdruck einer Fähigkeit, die „Welt", „Außersprachliches" in einer bestimmten „Perspektive" darzustellen. Das machen biblische Verweise, in denen Gott „spricht", z.B. Gen 1,3ff. (Gott spricht und benennt die Schöpfung), Gen 2,19f.

(Adam gibt den Tieren Namen), Gen 11,1-9 (Turmbau zu Babel – Gott „verwirrt" die Sprache), Joh 1,1 („Im Anfang war das Wort") deutlich. Dass der „Sinn" jenseits der lautlichen Ausgestaltung liegt, zeigt Apg 2,6-8: Jeder kann von seinem Standpunkt aus die Apostel in seiner Sprache verstehen.

Heute hat die Kirche schon aufgrund des normalen Sprachwandels Schwierigkeiten, Begriffe wie „Gnade", „Erlösung", „Sünde", etc. in das Leben der Menschen zu übersetzen. Womit kann das zusammenhängen?

Die Kirche ist katholisch. Aber ihre Sprache? In allen – weitgehend von der lateinischen Grammatik geprägten Sprachsystemen – begegnen Adjektive als Attribute zu Trägerworten (Substantiven), die oft einen „status quo" anzeigen, also die „Substanz", das „Wesen", die „Essenz", etc. betonen. Andererseits eröffnen sie als Teile des Prädikats in Verbindung mit dem multifunktionalen Hilfsverb „sein" einen

Erfahrungsraum, der zur weiteren Deutung und zu Nachfragen provoziert. Was heißt konkret „gut sein", „schön sein", „wahr sein"? Die Beantwortung hängt immer von der Zuwendung zur einzelnen Situation wahrnehmender Personen ab. In grammatischen Beziehungen werden aus Attributen Prädikatsnomen. Diese sprachlichen Situationen, bestimmt von den Motiven, Zielen und Folgen, sind die stummen Urgründe, aus der die Sprache sich erhebt.

Das Sein – das wusste Aristoteles prägnant zu formulieren – muss „pollachos"[16], vielfältig konkret ausgesagt, „gelesen" werden. So kann die Sprache diese Vielfalt metaphorisch nur spiegeln. „Einfältig", einsinnig wirkte sie unwahr.

Wirken Substantive eher geschlossen (exklusiv), so öffnen Adjektive eher für Erfahrungen, lassen Raum für zukünftige Veränderungen, die vom gemeinsamen Gespräch angeregt werden. Was für alle Gemeinschaften innerhalb eines Sprachidioms gilt, muss auch für religiöse Sprache gelten. Eine „Kirchenleitung", die überwiegend in Substantiven, rechtlichen und religiös sondersprachlichen Formeln, zumal in der 3. Person spricht, wird – so steht zu vermuten – eine Tendenz zur Exklusivität und zur Abschottung einnehmen und Adjektive höchstens als schmückende Beiwörter verwenden[17] und die Lebenswirklichkeit nicht ausreichend erfassen. Die Gefahr ist real und in vielen Bereichen erhebbar, dass solche Rhetorik Lebenswirklichkeit überhaupt nicht trifft und eine meinungsmanipulierende, freiheitsentziehende Wirkung entfaltet. Prädikative Adjektive hingegen sind – trotz ihrer (meist) analogen Unschärfe - näher an den Erfahrungen der Menschen und ihrem Spürsinn für das Befreiende. Bei besonders überraschenden, beeindruckenden Erlebnissen verzichten Menschen auf das Hilfsverb!

„Relevante", enthüllende Ereignisse, „disclosure situations"[18] oder Inhalte finden ihren Ausdruck in einer „prädikativen" (keiner „prädiktiven") Sprechart. Es zeigt einen ästhetischen Unterschied an, ob man – wie die alte Kirche die „eine, heilige, katholische und apostolische Kirche" besingt oder im Nominalstil die Einigkeit, Heiligkeit, Katholizität und Apostolizität der Kirche" von oben herab dekretiert. Wird im ersten Fall die Bewegung, die „Vielfalt", die „Situation" aus dem Blick des „Bekenners" formuliert, so steht im zweiten Fall eher der Begriff, das Abstrakte im Vordergrund. Die Mannigfaltigkeit der Wirklichkeit, wie sie Aristoteles erfährt, verleitet Menschen, um diese Wirklichkeit beherrschbar zumachen, zur Uniformität. Letztlich nähert sich dieses Machtbedürfnis dem Leitbild einer hierarchisch geschlossenen militärischen Einheit an. Aus der vergessenen Analogie als dem „schönsten Band"[19] unter den Menschen erwächst so der sprachliche Imperativ, der Kommunikation einsinnig von „oben" nach „unten" gerichtet sieht. Das

Argument, der Austausch in Rede- und Denkbeziehungen verstummt. „Herrschaftsfreie Kommunikation" als Rede unter Gleichen hingegen schließt die Anerkenntnis gegebener Autorität ein, weil diese im Schaltbereich religiösen Lebens auf der vollständigen Weitergabe („Tradition") und Annahme („Rezeption") des göttlichen Willens beruht.[20] Eine diskursive Erneuerung der Sprachgestalt ist die Voraussetzung katholischer Identität, die der Anerkennung der Autorität folgt. Papst Franziskus hat das verstanden, wenn er der Evangelisierung den Vorrang vor der Glaubenslehre einräumt.[21]

Um Einseitigkeiten[22] zu vermeiden, sollte kirchliches Sprechen auch die unterschiedlichen Sprechsituationen mit jeweils verschiedenen Gesprächspartnern berücksichtigen. Ein Blick zurück in die christliche Literaturgeschichte angefangen mit dem 1. Testament würde hier genügen. In der

Gegenwart sollte Raum gegeben werden für den Austausch. Diese Form der Teilhabe findet in der Breite nicht mehr statt. Wo Personen aber nicht mehr den Erfahrungsraum anderer kennenlernen, da gibt es kein „Du" oder „Ich", aus dem ein „Wir" erwachsen kann. Personalnot verstärkt „kirchenamtlich" die Neigung zur Verwendung einer Sprache, die aus dieser Not geboren ist: Unpersönliche Wendungen in der 3. Person mit zumindest jussiver Mitbedeutung. Junge Menschen werden abgestoßen von einer Sprache, die sie als formelhaft, unpersönlich, vorschreibend empfinden. „Erwachsene" Christen fühlen sich nicht mehr respektiert.

Dabei gibt es eine Verständnisklammer und einen Orientierungspunkt für alles Sprechen: Dieser liegt in der „Sensibilität und <dem> Diskurs der den Vater liebenden Mutter – einer Mutter, der ich noch angehöre, von der ich noch untrennbar bin."[23] Hier –

in diesem Grundvertrauen - begründet der Glaube die Sprache.[24] Hier ist das Wort dem Gebet, das aus Dankbarkeit entsteht, dem religiösen Urwort, am nächsten. Theologisch ist dieser „Urlogos" der Liebesimpuls Gottes, der den Menschen ins Leben führt und in ihm die Sprache als Antwort auf diese Liebe evoziert.[25] Anthropologisch ist es - vor allen Lauten und Schriftzeichen - der liebende Blick der Mutter auf ihr Kind, der diesen göttlichen Impuls spiegelt. Mythische, d.h. symbolisch-sinnstiftende Rede – mag sie noch so einfach sein - ist die Voraussetzung für den Logos, das begriffliche, argumentierende Wort.

Wo und wie entsteht Vertrauen in der Kirche, wenn z.B. die Bibelhermeneutik infolge fehlender Vor-Lesekompetenz im Elfenbeinturm der Religions-didaktiker gefangen bleibt oder eine Buß- und Beichtkultur an einem oft verkürzten, apersonalen

Sündenbegriff scheitert? Es fehlt manchmal einfach am Blick für das Ohr des Nächsten.

2.3   Das Gehör (auris)

Der Glaube ist durch das Hören der Botschaft motiviert: *„So gründet der Glaube in der Botschaft, die Botschaft im Wort Christi. Aber, so frage ich, haben sie die Boten etwa nicht gehört? Doch sie haben sie gehört; denn ihre Stimme war in der ganzen Welt zu hören und ihr Wort bis an die Enden der Erde.“* (Röm 10,17) Diese klassische Formulierung zeigt das Ohr als zentrales Organ der Offenheit an und weist auf den immer vorausgehenden Ruf der „Stimme“ Gottes voraus. Sie bestimmt und erwählt diejenigen wieder zu „Rufern“, „Sprechern“ (hebr. nabis), Propheten, die die Botschaft Gottes „an die Enden der Erde“ tragen. Das Gehör ist das herausgehobene Organ, das den Menschen von seiner Geburt bis zum Tod in die „akustische“ Nähe Gottes rückt. Im „Sch^e^ma J^i^srael“ –

„Höre Israel...!" (Dtn 6,4-9)[26] – dem Kernsatz der „Torah" und gleichzeitig dem Basissatz jesuanischer Ethik – wird dieser lebensbegleitende Ruf[27] Kern der jüdischen und christlichen Erinnerungs- und „Berufungskultur"[28]: „Folge mir nach!" Auch das sog. „Pfingstereignis" wird in Aufnahme der Beschreibungen einer Theophanie überwiegend als „akustisches" Ereignis geschildert.[29]

Das „Hören" – und auch die vielen Beispiele des „Nicht-Hörens" - verbindet das erste und das zweite Testament auf vielfältige Weise. Wie „hört" man Gott? Indem man seine Sinne, mehr noch sein Leben, für Gott „dem Ganzen nach" – also „katholisch" „öffnet". Das Ohr ist rezeptiv, passiv, doch gegründet in der Haltung einer wachen Aufmerksamkeit. Und so verwundert es nicht, dass die Selbstmitteilung Gottes an den sich Gott ganz öffnenden Menschen Maria in manchen bildlichen oder reliefartigen Darstellungen symbolhaft über das „Ohr"

(„Ohrempfängnis") geschieht.[30] Es ist nur schlüssig, dass kontemplative oder auf ein Gleichgewicht zwischen „oratio" (Gebet) und „labor" (Arbeit) achtende Ordensgemeinschaften wie die Benediktiner den Prolog ihrer Regeln mit einem „Höre!" beginnen lassen.[31] Es geht hier nicht vordergründig um ethische Achtsamkeit zur Vertiefung des eigenen Seelenlebens, sondern um die Aufrechterhaltung der Verbindung zum Wort Gottes, das sich in der Weisung, der „Torah" des Abtes spiegelt. Dieser wiederum tut gut daran, sein „Ohr" ganz nah an den Anliegen seiner Mitbrüder zu positionieren, um seine Führungsaufgabe in biblischer Tradition wahrnehmen zu können (discretio).[32] Er ist der Letztverantwortliche mit Entscheidungskompetenz. Gott hat sein Ohr auch „am Herzen" des Abtes[33]. Das Ohr ist – das soll nicht vergessen werden – auch der Empfänger der alarmierenden Töne des „Schofar-Horns" oder der „Trompete" der Apokalypse.

Die Aufnahme, die Rezeption ist der Zielpunkt der Botschaft Jesu. Christen sollen „Hörer des Wortes" sein, das „automatisch" wirkt. Für viele in der Kirche gilt heute eher das englische Sprichwort: „People don´t listen, they reload!" – Dem Sinn nach: wir hören nicht, was der andere sagt, sondern nutzen seine Stichworte nur, um eigene Botschaften loszuwerden! Auch hier gilt das hinsichtlich seiner Autorenschaft nicht zuzuordnende Zitat: „Gesagt ist nicht gehört / gehört ist nicht verstanden / verstanden ist nicht ein-verstanden / einverstanden ist nicht behalten / behal-ten ist nicht getan / getan ist nicht richtig/immer ge-tan."[34] Es fehlt die Unmittelbar- und Gleichzeitigkeit des Geschehens. Wie tief hingegen trifft den Hörer das gesungene Wort, gerade in der Liturgie als vokaler und von Instrumenten geformter Klang. Musik „trägt die Anbetung und bringt sie zum

Ausdruck".[35] Ein Thomas von Aquin (1225 – 1274) zugeschriebener Hymnus weist dem Hören eine hervorgehobene Bedeutung für den Glauben zu.

"Visus, tactus, gustus in te fallitur,

Sed auditu solo tuto creditur."[36]

"Augen, Mund und Hände täuschen sich in dir,

doch des Wortes Botschaft offenbart dich mir."[37]

2.4   Die Berührung (tactus)

Wie wichtig – überlebenswichtig und sinnstiftend, weil tröstend und ermutigend - körperliche Berührung für die ganzheitliche Entwicklung eines Menschen ist, wird von Kinder- und Entwicklungspsychologen immer wieder herausgestellt[38], angefangen bei der sanften Berührung des Kindes bis zur zarten Berührung der Hand, Stirn und der Wange bei Sterbenden. Die Berührungsgeste ist in vielen Religionen Zeichen der Heilung, in der römisch-katholischen Kirche die

„Materie", der sichtbare Teil des sakramentalen Vorgangs, z.B. in Form der „Anhauchung" des Kindes oder Erwachsenen bei der Taufe, der Benetzung mit Wasser durch den Taufspender, der Salbung der Stirn bei der Firmung und zusätzlich der Hände bei der Krankensalbung, der Handauflegung bei der Weihe, des Ineinander – Legens der Hände bei der Trauung. In diesen Zeichen und Berührungen – im Tiefsten in der Eucharistie (im „Brechen und Austeilen von Brot und Wein") – liegt das Wesen der Kirche als Zeichen der Liebe Gottes zu den Menschen begründet. Die Kirche ist – wie es Lumen Gentium, die dogmatische Konstitution über die Kirche des Vaticanum II prägnant formuliert „..*in Christus gleichsam das Sakrament, das heißt Zeichen und Werkzeug für die innigste Vereinigung mit Gott wie für die Einheit der ganzen Menschheit.*"[39] Die biblische Tradition ist voller „Berührungsgesten", die das Leben begründen, z. B. das „Einblasen" des Atems in die Nase des

Erdlings[40] - der erste „Lebenskuss" oder Menschen symbolhaft einen besonderen Auftrag erteilen.[41] Wie hätte die Botschaft Gottes an dem größten Organ des Menschen vorbeigehen können? Darauf macht Johannes Röser aufmerksam und kommt dabei im Allgemeinen auch auf die taktile Kompetenz Jesu zu sprechen: „Auch Jesus kannte die Haut als wesentliches Organ, über das sogar das Heil Gottes den Menschen erreichen kann und erreicht. Offenbarung, die durch die Haut geht. Jesus scheint die Berührungen selbst von Fremden nicht gefürchtet zu haben. Er nimmt die Kinder in seine Arme, legt ihnen die Hände auf und segnet sie. Er wäscht seinen Jüngern die Füße. Er nimmt das gestorbene Mädchen bei der Hand und sagt zu ihm: *„Talita kum!"* - *„Mädchen, ich sage dir, steh auf!"* Er berührt die Augen der Blinden, damit sie wieder sehen. Die blutflüssige Frau berührt umgekehrt - aus Scheu - nur den Saum von Jesu Gewand und wird schon dadurch gesund.

Nicht einmal vor dem Aussätzigen, um den alle aus Angst vor Ansteckung einen großen Bogen machen, scheut er zurück. *„Jesus streckte die Hand aus, berührte ihn und sagte: Ich will es - werde rein!"* Den Taubstummen nimmt Jesus von der Menge weg, legt ihm die Finger in die Ohren und berührt die Zunge des Mannes mit Speichel..."[42]

Dass Jesus geküsst wurde, steht außer Frage[43], dass er selbst auf den Kuss als Ausdruck der Nähe verzichtet hat, ist wenig wahrscheinlich. Küsse eröffneten und beendeten auch in früher Zeit das gemeinsame Gebet der Christen und waren Zeichen der Verbundenheit über den normalen Umgang auch mit Nichtgläubigen hinaus.[44] Der „heilige Kuss" wurde mit geschlossenen Lippen zwischen Christen ausgetauscht und galt als frei von erotischen Anspielungen. Der Kuss auf den Mund war Ausdruck des Austausches des göttlichen Geistes.[45]

Für Christen ist auch das Stehen mit geöffneten und zum Himmel erhobenen Armen und Augen – die „Orantenhaltung" – ein eindrückliches Beispiel dafür, woher sie sich die Erfüllung dieser Sehnsucht nach liebender Gemeinschaft als Spiegelbilder Gottes erwarteten. [46] Die Orantenhaltung ist die Einladung zu einer Umarmung.

Die Haut und die Sprache des Körpers sind heute wie damals Ausdrucksformen der eigenen Identität (Tatoo)[47], der Suche nach Vergewisserung und Bestätigung (Mode). Über die Haut erfährt der Mensch „geliebt zu sein".[48] Das taktile Empfinden entspricht einer Grundfähigkeit und einem Grundbedürfnis des Menschen zu einer größeren Liebe und tieferen Hoffnung,[49] das an der Grenze zwischen Außen und Innen – der Haut – bewusst sein soll.[50]

2.5 Der Geruch (odor)

„Denn wir sind Christi Wohlgeruch für Gott unter denen, die gerettet werden, wie unter denen, die verloren gehen. Den einen sind wir Todesgeruch, der Tod bringt; den anderen Lebensgeruch, der Leben bringt. Wer aber ist dazu fähig?" (2 Kor 2,15-16)

Biblische Geruchsmetaphorik hebt sich deutlich von den in der Umwelt Israels praktizierten Opferhandlungen ab, in denen der Geruch des Opfers die Akzeptanz seitens der Götter signalisiert. Dennoch ist sie auch hier vorhanden.[51] Maßstab aller Handlungen ist die Anerkennung der Beziehung, der Vorrang der Person vor der Opferhandlung, dem Ritual: In dem Aufruf zur Umkehr an seine Braut Israel verspricht Jahwe, Israel wieder zu einer Quelle des guten Geruchs zu machen.[52] Der Prophet Jeremia warnt vor dem Vertrauen auf Opfergerüche, die nicht von einer gottgefälligen Praxis gedeckt sind.[53] Der Geruch der Kleider der Geliebten ist erotisches

Element im gegenseitigen Lobpreis von Mann und Frau im Hohenlied.[54] Er evoziert die Erinnerung an das Paradies, den *„verschlossenen Garten"* (Hld 4,10). Gerüche als Zeichen der Lebensfreude. Düfte und Gerüche sind Bestandteile von Salben, Teil der jüdischen Bestattungskultur und wohl auch der besonderen Verehrung des Leichnams Jesu.[55] Auch am Beginn des Lebens Jesu spielen Gerüche (Weihrauch, Myrrhe) als Geschenke der Weisen an den neugeborenen König der Juden eine Rolle. Trotz ihrer Skepsis gegenüber der Verwendung des Weihrauchs als Bestandteil der paganen Opferhandlung, dürften die Christen (vgl. Plinius ep. X 96) – wenn man die Lösung der Opferfleischfrage und der Beschneidung in Betracht zieht, auf den natürlichen Nutzen (z.B. bei der Desinfektion von Wunden, antibakterielle Wirkung) von duftenden Salben und Weihrauch nicht verzichtet haben. Die spätantiken Gottesdiensträume wurden mit großen

Weihrauchpfannen zur Luftverbesserung und zur Betonung der Festfreude ausgestattet.[56] Der Duft des Weihrauchs zeigt die Wirkung der aufsteigenden Gebete der Gläubigen an. Die Verwendung des Weihrauchs bei der Evangelienlesung betont – in Übernahme des höfischen Beamtenzeremoniells – die Hochachtung vor dem Wort Gottes und seiner Repräsentanz während Prozessionen und bei der Wahrnehmung liturgischer Gegenstände.[57] Weihrauch markiert den heiligen Raum. Aus Gräbern von Bekennern und Märtyrern strömt kein Verwesungsgeruch, sondern ein angenehmer Duft. An einem Gewürzbehälter (Besamimbüchse) wird am Ende des jüdischen Sabbats im Ritus der Hawdala gerochen, um den würzigen Duft des Sabbats nicht zu vergessen. Biblische Sprache selbst ist „dufte". Das hebräische Wort für „riechen" „reah" verbindet in seiner Zweitbedeutung „sich ausruhen", „sich erleichtert fühlen" das sensitive Erlebnis mit der religiösen Zeitordnung, ja mit dem verwandten Wort „ruah" (Geist) die schöpferische Tätigkeit Gottes. „Riechen" und „Einatmen" begegnen parallel.[58]

Vielfältig sind die Beziehungen, die hier nicht nachgezeichnet werden können. Sie zeigen auf, dass der Geruch für die Qualität der Beziehung des Menschen zu Gottes Schöpfung steht. Und noch am Fest der Aufnahme Mariens in den Himmel (15. August) verströmen die in katholischen Gemeinden gesegneten Kräuterbüschel einen frischen Duft. Pheromone, chemische Botenstoffe, liefern uns wichtige Informationen über uns und unsere Umwelt. Wir sollten wieder den Wunsch haben „gut zu riechen" und nicht „anrüchig"[59] zu sein.

Ü 3

2.6   Mehr-sinnlich und transrational

Wer glaubt, Religion bestünde in einer unsinnlichen Überzeugung, gespeist etwa allein aus Gedanken, schneidet Religion von den Basisfaktoren des Lebens ab. Ohne den Gleichgewichtssinn z.B. könnten wir morgens nicht aufstehen und ohne einen Temperatursinn würden wir uns beim Waschen Gesicht und Hände verbrühen[60]. Die Liste der noch zu entdeckenden Sinne ist noch nicht zu Ende beschrieben. Nur einen Ausschnitt der Wirklichkeit können Menschen wahrnehmen. Wir sehen die Welt nicht so, wie sie ist, sondern so wie wir sie z.B. durch unser Nervensystem wahrnehmen, im Grunde so, wie wir selbst sind: an eine bestimmte Umwelt angepasst, eingeordnet in eine Mitwelt, zugeordnet auf ein offenes und weit größeres Biotop, einen Lebenskreis, den wir sensorisch nur – staunend – erahnen, wenn wir mit möglichst vielen Sinnen leben: Wir Menschen besitzen eine „Antenne", die sendet und empfängt, entsprechend ihren Möglichkeiten. Und unser „Wahrnehmungsvermögen" ist einander zugeordnet: *„Alle unsere Erkenntnis hebt von den Sinnen an, geht von da zum Verstande, und endigt bei der Vernunft, über welche nichts Höheres in uns angetroffen wird, den Stoff der Anschauung zu bearbeiten und unter die höchste Einheit des Denkens zu bringen."*[61]

Katholiken können in dem Auftrag der Vernunft, die Vielfalt der Anschauung zu einer Einheit zu führen, die Übernahme des metaphorischen Auftrags Gottes an den Menschen sehen, die Erde zu bebauen, zu behüten und sie als Verwalter Gottes zu beherrschen.[62]   Wahrnehmung   ist   die Grundvoraussetzung für diese Aufgabe. Als religiöse Menschen respektieren sie die Grenze zwischen aktiver Vernunft und der durch Hl. Schrift, Tradition vermittelten Selbstmitteilung Gottes. Sie – die Vernunft - knüpft an der beschränkten menschlichen Sinneserfahrung an, nimmt die Gegebenheiten des Verstandes in Dienst und zeitigt sich auf empathische Weise in einer Verstand und Gefühl umgreifenden Antwort auf die „conditio humana". Wer glaubt, Religion sei eine den Sinnen verhaftete, a- oder irrationale Kontingenzbewältigungspraxis (Hermann Lübbe) dürfte sowohl die Bedingung der Möglichkeit jeglicher Erkenntnis als auch die transrationale, an der ratio anknüpfende religiöse Deutung gründlich missverstehen. Katholische Welt- und Menschensicht entspricht sowohl dem „Ich denke, (also) bin ich" (Renè Descartes) als auch dem „Ich werde gedacht, (also) bin ich" (Franz von Baader, 1765-1841)." Das

Passiv und das Aktiv sind zwei Seiten des einen Lebens, die durch eine reine rationale und formale mediale Voraussetzung – Kant nennt sie die „transzendentale Apperzeption" – allein nicht zusammengehalten werden können. So wie „Gedanken ohne Inhalte ... leer" sind und „Anschauungen ohne Begriffe ... blind"[63] , so sind Vernunft und Glaube aufeinander verwiesen. Nichts ist bloß rational (rationalistisch) oder „fremdbestimmt" (fideistisch). Richtig verstanden ist das *„Denken ... ein Funke, der vom Schlag des Herzens entfacht wird."*[64] *„Glaube und Vernunft (Fides et ratio) sind wie die beiden Flügel, mit denen sich der menschliche Geist zur Betrachtung der Wahrheit erhebt. Das Streben, die Wahrheit zu erkennen und letztlich ihn selbst zu erkennen, hat Gott dem Menschen ins Herz gesenkt, damit er dadurch, daß er Ihn erkennt und liebt, auch zur vollen Wahrheit über sich selbst gelangen könne."*[65] Dieses Streben nach Ganzheit, Integration von Verstand und

Gefühl in einer lernenden Vernunft, entwickelt sich – wie schon gesagt – an „sensomotorischen" und emotionalen Erlebnissen im Säuglings- und Kleinkindalter. Assimilation (Angleichung) und Akkodomation (Anpassung) bestehender „Informationsgrundlagen" (Schemata) sind vorbewusste und somit vorrationale Vorgänge. Christliche Theologie und Pastoral setzt an dieser kognitionspsychologischen Grunddatierung der Lebensentfaltung[66] an und sollte sie um ein epigenetisches Verständnis erweitern. Die Umwelt kann ein Auslösefaktor für Religiosität sein. Eine abstrakte Verhältnisbestimmung von „Glaube und Vernunft" genügt nicht. Der Mensch ist weit mehr als ein „animal rationale"[67] („rechnendes Wesen"). Er ist „katholisch", im Grunde seines Lebens auf das Ganze seiner Welt und des Universums hin geöffnet und das in einer jeweils der Zeit entsprechenden Form. Wahr- und angenommen werden, wahr- und annehmen darin besteht der katholische Weg. Er ist radikal subjektiv und radikal objektiv, weil jede Erkenntnis, jedes „individuelle Schema" (Jean Piaget) durch eine von außen kommende reale Berührung hervorgerufen wird. Wirkliche Berührungen lassen sich nur auf wirkliche, konkrete „Subjekte", also keine abstrakten Vorgänge zurückführen.[68] Der „katholische Blick" lehnt daher die völlige Selbstkonstruktion des Menschen und seiner Empfindungen im Blick auf den werdenden Menschen ab.

3.   Fazit:

Die weiterhin anstehende Neubesinnung muss einen Blick in die Vergangenheit werfen und ihr konservatives, bewahrendes Potential wiederentdecken, das durch Klerikalismus, Antimodernismus, Abschottung, Verdrängung der Arbeiter- und Frauenfrage, fehlender

Unterscheidungsfähigkeit in theologischen und religiösen Sachfragen, z.B. der Sexualethik, in Gefahr gerät, zu einem „Sargdeckel" zu werden und damit die Verbindung von Kultur und Religion zu lösen. Der Blick zurück bedeutet, dass die kritische Beschäftigung mit den Quellen zu einer strukturellen Neuorientierung führen wird. Die überkommenen Verhältnis- und Kommunikationsbedingungen im Innenraum der Kirche genügen den Ansprüchen und dem Wohl der Glaubenden in weiten Teilen nicht mehr. *„Salus populi summa lex!"* (Das Wohl des Volkes ist das oberste Gesetz!). Will man einer weiteren Abwanderung entgegenwirken, muss die christliche Gemeinschaft attraktiver, d.h. für die meisten Menschen „sinnlicher", erfahrbarer, kommunikativer werden. So entsteht Relevanz und Resonanz. Beide Begriffe markieren das Gegenteil von billiger Angleichung an außerchristliches Wunschdenken.

Mit dem anderen „prospektiven" Auge müssen Lehramt, Theologinnen und Theologen in die Zukunft blicken und mögliche Zukunftsszenarien beschreiben. Sie tun das als Vertreter der Realutopie „Reich der Himmel", die in der mythischen Vorzeit („Schöpfung" - Genesis) beginnt, durch die „Geschlechterlinien" (hebr. toledot) heiliger Schriften und Traditionen (Hl. Schrift und Kirche) fortgesetzt und sich in der eschatologischen Schau des Heiligen („Offenbarung" – Apokalypse) in einem guten Ende auszeitigt. Logos und Mythos verbinden sich in dieser Aufgabe. Sie wirkt, wenn sie den innersten Kern des Menschen trifft: „Entsprechung", „Analogie", biblisch: „Bild Gottes" (Gen 1,27).

Konkret könnte das geschehen, wenn nach der Ethik in einer digitalisierten Welt gefragt wird,[69] die die jetzt noch unvorstellbaren, durch künstliche Intelligenz bedingten, Umbrüche in Staaten und Gesellschaften begleiten muss. Der katholische –

symbol- und sinnenreiche – Blick auf die Welt kann ein Motor des Wandels werden und für viele Menschen eine neue „Farbe" in einer unübersichtlichen, sich schnell entwickelnden, „grauen" Welt werden.[70] So entsteht Identität. Erkenntnisse aus Psychologie und Epigenetik[71] werden in viel stärkerem Maß Eingang in Sprechen, Denken und Handeln der Verantwortlichen finden. Dazu werden „Räume" geschaffen, in denen qualifizierte Menschen mitarbeiten wollen. Es ist klar: nicht jeder Wille qualifiziert. Aber: der vorhandene Wille in Verbindung mit erworbenem Können (Kompetenz) ist häufiger anzutreffen als bisher kirchenamtlich festgestellt wurde. Er ist Zeichen einer freien Berufung. Und echte Berufung ist immer frei. Zeitbedingte, kulturelle Ausschlusskriterien, z.B. im Bereich der sexuellen Orientierung und Lebensweise, verengen und verhindern den Aufbau von „Können". Wer nicht nach vorn schaut, verliert das Ziel aus dem

Blick. Wer neue Bedingungen auf dem Weg missachtet und mit falschem Schuhwerk auf steilem Gelände unterwegs ist, gerät in Gefahr zu straucheln und zu stürzen. Das „Wie?" wird vom „Was?" und „Wer?" geleitet. Die Alternative ist Stillstand. Es kommt jetzt darauf an, die „Herzen zu erheben" für diesen Weg: *Sursum corda!* Eine Anrufungsformel, die Christen aus ihrem jüdischen Wurzelgrund liturgisch mittragen.

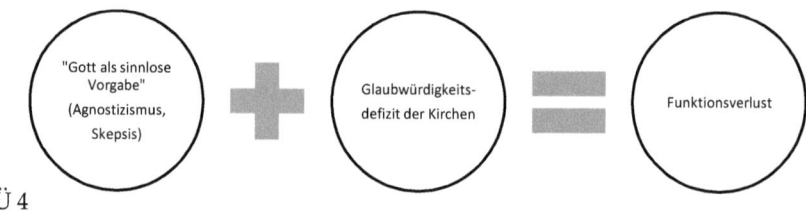

Ü 4

B.   Das Vorbild Jesu

1.   Der diskursive Ansatz: vom Leben zum Leben

„Wer in die Welt des Neuen Testaments einläßt, sind weder die Synoptiker noch Johannes – überhaupt keines der Evangelien, sondern Paulus. Und zwar deshalb, weil dieser sich in der gleichen Situation befindet wie wir. Paulus ist der einzige Apostel, der Jesus nicht gesehen hat

– den irdischen Jesus, der auf den Straßen des heiligen Landes gegangen war, der in den Dörfern und Städten gelehrt und geheilt hatte, der gestorben war und auferstanden. Von ihm hat Paulus nur in der Weise Kunde erhalten, wie auch wir sie erhalten können: Einmal äußerlich, durch die Botschaft derer, die von ihm berichteten, und durch die Wirkungen, die von ihm in der Geschichte weiterliefen; dann innerlich, als der Herr ihn anrief und sich seinem Geist und Herzen zu erfahren gab."[72] Romano Guardini formuliert die entscheidende Frage jeder christlichen Existenz: Wie kann aus der Botschaft Jesu im 21. Jahrhundert in Europa wieder eine Erfahrung werden, die das menschliche Herz ergreift? Einen möglichen Zugang bietet der – auch von der historisch-kritischen Methode her gestützte Versuch – biblische, gerade auch neutestamentliche Texte als Ergebnisse eines Gesprächs, eines „Diskurses" zu sehen, wie es

Norbert Reck in Anlehnung an den Philosophen Michel Foucault tut.

Biblische Texte sind Ergebnisse einer Auseinandersetzung über das Leben und seine Bedeutung, über „Freuden und Hoffnungen, Trauer und Ängste der Menschen."[73] Hervorgegangen seien diese Texte aus „langen Kämpfen mit widrigen Lebensverhältnissen, feindlichen Gesellschaften und konkurrierenden Anschauungen". Weil diese Texte den Menschen „etwas sagten, das ihnen erhellend und gültig erschien, wurden sie wieder und wieder erzählt, abgeschrieben, weitergegeben, rezitiert und schließlich heiliggehalten." Und Norbert Reck fügt hinzu: *„Was davon in anderen Zeiten noch einen Wert hat, den Menschen ,etwas' sagt, ist nicht von vornherein auszumachen. Es hängt in erster Linie davon ab, wie die Diskurse der Entstehungszeit mit den Diskursen späterer Leserinnen und Leser kommunizieren."*[74] Die Texte des Neuen Testaments sollten also in den

Verständnishorizont heutiger – zweifelnder, suchender, irrender – Menschen gestellt werden. Sie werden – bleibt man dem Ansatz Recks treu – den Graben von Botschaft und Erfahrung nur überwinden, wenn sie von Menschen gelesen und geteilt werden, die ein Interesse an einer „guten Entwicklung des Lebens auf dieser Erde" teilen.[75] Aus dem Heilenden entsteht das Heilige. Wer das „Heilige", die „Tradition", den „Glaubensgehorsam" voraussetzt, ohne die von diesen Texten eingefangenen menschlichen Abgründe und Konfliktfelder in ihrer Vielfalt erkennen zu wollen, zerstört die Brücke, den Weg, der von der Botschaft zur Erfahrung führt. Und diese „Brücke" ist für jeden Menschen einzigartig: *„Es gibt so viele Wege zu Gott, wie es Menschen gibt!"* (Joseph Ratzinger/Benedikt XVI). Die Diskursanalyse geht den Weg und kommt dann – in Hoffnung - zur lebendigen Wahrheit.

Dieser überindividuelle Anspruch kann theologisch nicht unberücksichtigt bleiben. Ohne die verdienstvolle, im Einzelnen auch notwendigen Schritte der historisch-kritischen Methode zu bestreiten, sollen ausgewählte Texte den neuzeitlichen Graben einer bestimmten Art „autoritärer" Dogmatik und einer existenziellen Interpretation, die den Gemeinschaftscharakter biblischer Texte in den Hintergrund setzt, überwinden helfen. Anstelle eines „Grabens" kann sich ein Raum einstellen, der dem Einzelnen die Freiheit bietet, andere dorthin einzuladen an dieser geschenkten Freiheit teilzuhaben. In diesem „Raum" – man könnte ihn als „Theotop" bezeichnen, ein Geschenk der liebenden Bereitschaft Gottes, auf das Leid seiner Geschöpfe zu hören - kann eine Kirche wachsen, in der Einheit und Vielheit miteinander kommunikativ im Frieden sind. Die „Kommunion" als höchste Form der Gemeinschaft am Heiligen, das

in diesem Raum anwesend ist - kann nur von „oben",
von Gott kommen. Sie ist „Teilhabe" (gr. methexis),
die sich im Lebensvollzug zeigt. Diesen Frieden
zwischen Einzelnem und Allgemeinen kann keine
menschliche autoritäre Setzung gewährleisten. Die
Binde- und Lösegewalt Gewalt der Kirche dient der
Bereitstellung solcher friedfertiger, kommunikativ-
kommunialer Orte Gottes. Aber Gott ist es, der
handelt, der sich mitteilt. Die Kirche muss je neu im
Einzelnen, in der „Seele" erwachsen werden.

Um möglichst nahe an den Diskurs des historischen
Jesus zu kommen, bietet es sich an – exemplarisch für
die Vielzahl der Heilungs- und Rettungsgeschichten –
überwiegend Schriftstellen aus dem ältesten
Evangelium, dem Markusevangelium, zu lesen. 40
Jahre nach Jesu Hinrichtung wird deutlich, wie
dynamisch, lebendig, sinnlich, entschlossen der
„Kyrios Iesous" handelt, dessen Handlungen gerade
wegen des Schweigegebots, das sein Wirken

umhüllen soll, seine „Messianität" vor allem gegenüber hellenistischen (Nicht-) Juden offenbart. Es geht zumeist um die „Außenseiter", also um uns.

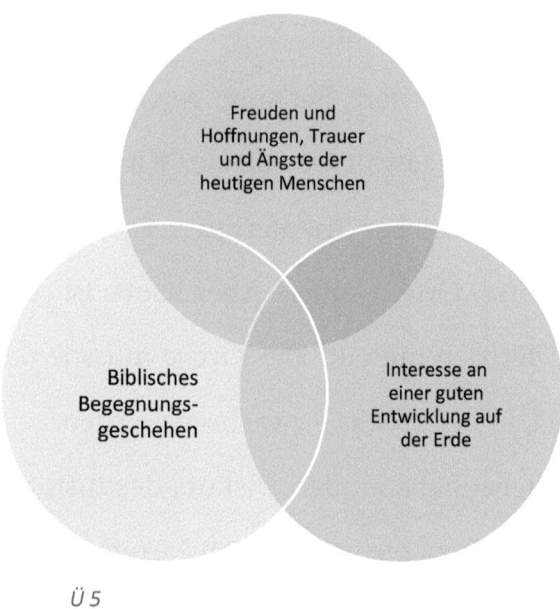

Ü 5

2.   Ein lernender Jesus (Mk 7,24-30)

[24]*Und er stand auf und zog von dort weg in das Gebiet von Tyrus. Und als er in ein Haus gekommen, wollte er es niemand erfahren lassen. Doch konnte es nicht verborgen bleiben -*[25]*nein, gleich hörte eine Frau von ihm,*

deren Töchterlein einen unreinen Geist hatte. Sie kam und fiel ihm zu Füßen. ²⁶Die Frau war aber Griechin, der Abstammung nach Syrophönizierin. Und sie bat ihn, dass er den Abergeist aus ihrer Tochter austreibe. ²⁷Er sagte zu ihr: lass erst die Kinder satt werden! Es ist nicht recht, das Brot der Kinder wegzunehmen und den Hündlein hinzuwerfen. ²⁸Sie aber entgegnete ihm und sagt: Ja doch, Herr! Auch die Hündlein unterm Tisch essen von den Bröseln der Kinder. ²⁹Da sprach er zu ihr: Um dieses Wortes willen, geh – schon ausgefahren ist der Abergeist aus deiner Tochter. ³⁰Und weg ging sie, nach Hause, fand das Kind auf die Liege gestreckt, den Abergeist schon ausgefahren."

Die Perikope Mk 7,24-30 steht zwischen der Belehrung einer Volksmenge und der Jünger über Reinheit und Unreinheit, die durch die Anwesenheit von Pharisäern im Jüngerkreis ausgelöst wurde und der Heilung eines Taubstummen (7,31-37) und der Speisung der Viertausend (8,1-10) am Ende seiner

Wirksamkeit in Galiläa. Für einen Augenblick verlässt Jesus Galiläa in die damalig römische Provinz Syrien, um sich in der Hafenstadt Tyrus in einem Haus niederzulassen. Auch dort kann – trotz des Willens Jesu – seine Anwesenheit nicht unbemerkt bleiben. Mit wenigen Worten wird geschildert, wie eine Frau ihn im Haus aufsucht, ihm zu Füßen fällt und ihn um die Befreiung ihrer Tochter von einem Dämon bittet. Eine Nichtjüdin innerhalb eines Hauses bei einem fremden Galiläer, zu seinen Füßen. Die Szenerie, bei der man durchaus eine erotische Spannung hineinlesen könnte (Wo ist der Mann der Frau?), ist Teil des folgenden Streitgesprächs, aus der Verzweiflung der Frau geboren. Harsch und abweisend dagegen die Reaktion des Ausländers Jesu auf die wohl in Tyrus beheimatete Nicht-Jüdin. Herablassend konstatiert er, es sei ungehörig, die „Kinder" – gemeint sind die Angehörigen Israels - hintanzustellen in ihren Ansprüchen an ihn. Die unreinen „Hunde" verdienten diese erstrangige Aufmerksamkeit und Zuwendung nicht.

Wäre hier die Erzählung zu Ende, Jesus könnte man nicht den Vorwurf einer engen, abgeschlossenen, diskriminierenden Haltung ersparen. Ein orthodoxer - mit Abstrichen als Galiläer – auf das Eigene konzentrierter Rabbi. Die Wendung der Erzählung vollzieht sich in der – schon durch die Unterwerfungshaltung angedeuteten – Zustimmung der Frau auf dieses Vorurteil Jesu. Ein pädagogisches „Ja, aber!", als selbstbewusste Antwort formuliert, und ein Bild, das den „Hund" als Lebewesen darstellt, das tatsächlich etwas Brot vom Tisch der Kinder Israels abbekommt: das sind die gedankliche Form und der sprachliche Inhalt dieses Kommunikationsraums. Es wird in der Antwort der Frau kein Rechtsanspruch – im Sinne einer Gleichbehandlung aller Menschen – erhoben-, sondern auf die Tatsächlichkeit eines Mindestmaßes an gemeinsamer, geteilter Lebenspraxis abgehoben. Die Frau ist ein „Ja-Aber-Geist!" im guten Sinn!

Das ist ihre Überzeugung: Leben geht nur gemeinsam. Die Orthodoxie, die Rechtgläubigkeit, ist im Blick auf das physische Überleben zweitrangig und soll es auch jetzt im Blick auf das seelische, die Freiheit der eigenen Tochter, sein. Ob Jesus mehr durch das schlagfertige Selbstbewusstsein der Frau, hinter der sich Lebensintelligenz, vielleicht auch der „Aber-Geist" der Tochter, verbarg bewegt wurde? Oder war die Bereitschaft zur Erniedrigung im Blick auf den Rettungswunsch für die eigene Tochter ausschlaggebend? Wir wissen es nicht. Jedenfalls ließ sich Jesus faktisch bewegen: *„Es ist dies die einzige Erzählung in den Evangelien, in der Jesus seine zuvor unmissverständlich geäusserte Absicht ändert. Jesus lernt von einer zweifachen Außenseiterin als Frau und als Heidin."*[76] Ein Diskurs, wie man ihn sich als jüdischer Rabbi nicht vorgestellt hätte. Ein Blick in die Psyche

Jesu, sein Sendungsbewusstsein, seine Bereitschaft und Fähigkeit zur Wandlung. Künftig gilt kein Ansehen der Person nach Herkunft und Geschlecht mehr. Die Hinwendung zur „Heidenmission" auf nicht-jüdischem Boden noch vor allem paulinischen Streit, noch vor den Fragen um die Beschneidung und die neue Identität der Jesusanhänger, provoziert durch eine namenlose Frau im mutigen Engagement für die Freiheit ihrer Tochter. Kein Hinweis des Markusevangeliums nach dem Muster „Dein Glaube hat dir geholfen!". Ein schlichtes „Geh nach Hause, der Dämon hat deine Tochter verlassen (V. 29) spricht der in dieser streitbaren Begegnung zum ersten Mal im Mk-Evangelium als „Kyrios" („Herr") bezeichnete Galiläer. Die Anerkennung des Messias in der Lauterkeit des vorgetragenen Wunsches befreit die Nachkommen aus der Besatzung durch die Unreinheit, die in der Lüge des Vorrechts einer abstrakten Lehre vor dem Leiden einer Person besteht. Umdenken!

3.   Die Wahrheit einer Frau (Mk 5,25-34)

Auch Mk 5,25-34 ist in die Phase des Wirkens Jesu in Galiläa gesetzt. Jesus ist auf dem Rückweg aus dem nichtjüdischen Bereich, dem anderen Ufer des Sees Genezareth. Er wird noch am Ufer abgefangen vom Synagogenvorsteher Jairus, der ihn bittet seine im Sterben liegende Tochter zu retten. Ohne Zögern folgt ihm Jesus. Der Eindruck einer apokalyptischen Eile liegt in dieser durchgehenden Erzählstruktur, die immer wieder einen Rahmen für scheinbar untergeordnete Begebenheiten eröffnet. An dieser Stelle in knapp 10 Versen ein Lichtspot auf die Lage einer Frau. Die interessengeleitete Interpretation dieser Erzählung hat die Stellung und Rolle der Frau in der Kirche bis heute beeinflusst.

„25Und da war eine Frau, die schon zwölf Jahre den Blutfluss hatte, 26von vielen Ärzten viel gelitten und ihre ganze Habe verbraucht hatte. Aber nichts hatte ihr genützt, eher wars noch schlimmer mit ihr gekommen. 27Sie hatte von Jesus gehört, kam zwischen den Leuten von hinten her und hielt sein Obergewand fest. 28Sie sagte sich nämlich: Wenn ich auch nur seine Obergewänder festhalte, werde ich gerettet. 29Und gleich war der Quell ihres Blutes getrocknet; und sie merkte am Leib, dass sie von der Plage geheilt war. 30Und gleich merkte Jesus in sich, dass die Kraft von ihm ausgegangen. Er wandte sich zu den Leuten um und sagte: Wer hat meine Obergewänder festgehalten? 31Und seine Jünger sagten zu ihm: Blick um dich, wie die Leute dich umdrängen, und da sagst du: Wer hat mich festgehalten? 32Und er blickte um sich her, um die zu sehen, die es getan hatte. 33In Furcht versetzt und zitternd, da sie wusste, was ihr geschehen war, kam die Frau, fiel vor ihm nieder und sprach zu ihm die ganze Wahrheit. 34Er aber sprach zu ihr:

Tochter! Dein Glaube hat dich gerettet. Geh in Frieden! Und sei gesund, ledig deiner Plage."

Die Schreiber und Redakteure des um das Jahr 70 entstandenen ersten Evangeliums setzen in den Bewegungsfluss Jesu zur Rettung der Tochter des Synagogenvorstehers Jairus aus der totalen Perspektive der Menge, die Jesus begleitet, einen Lichtstrahl auf eine Frau. Ihr Schicksal hat sie völlig aus jeder vermittelbaren Lebensbahn geworfen: sie ist eine der vielen, aus der Menge derer, die „versuchten, ihn zu berühren, weil eine Kraft von ihm aus ging, die alle heilte" (vgl. LK 6,18f). Ihre Krankheit macht sie kultisch „unrein", d.h. zu einer aus dem jüdischen Lebensfeld ausgeschlossenen Frau. Wirtschaftlich ist sie am Ende (V. 26), eine Heilungsperspektive hat sie nicht mehr. Über ihr Alter, ihren Stand, erfahren wir nichts. Niemand wird sie mehr „anrühren" oder behandeln. Alles, was sie berührt, wird ebenfalls kultisch unrein. Im Grunde ist es schon ein Wunder, dass sie trotz des sich immer weiter verschlechternden Zustands durchgehalten hat. Was ist das Leben noch, ohne berührt zu werden und ohne zu berühren! Welcher Fluch lastet auf dieser Existenz! Ihre einzige, vielleicht letzte Hoffnung, ist Jesus, von dem sie gehört hatte. Nur eine Berührung seines Gewandes mag genügen, um mich zu retten (V. 28)! Mehr, z.B. die volle Aufmerksamkeit dieses Menschen für ihr Schicksal, liegt völlig außerhalb ihres Vorstellungsvermögens. Sie schafft es, Jesus zum Umdrehen zu bewegen. Wieder „wandelt" sich Jesus, weil er fühlt, dass eine „Kraft" (dynamis) von ihm ausging, die er selbst nicht kontrollieren konnte. Hier ist das „Wunder" schon geschehen, bevor eine Wirkung festgestellt werden kann. Höchste Sensibilität für die Verlorenheit einer Existenz, die vielleicht mit letzter Kraft ihre Hand ausstreckte. Unwesentlich eigentlich die Gründe für die Not der Frau im levitischen Ritualgesetz (vgl. Lev 18,19; 20,18) zu sehen. Angesichts der Schwere der Krankheit ist es auch müßig darüber zu diskutieren, ob die Frau bewusst das jüdische Ritualgesetz übertreten hat. Diese Frau ist kein „Prototyp" für irgendetwas, z.B. für ein Vorbild im Glauben oder die Abschaffung des jüdischen Ritualgesetzes zugunsten der Taufe, wie es manche Kirchenväter gesehen haben mögen. Diese Erzählung hätte auch niemals dazu benutzt werden dürfen, Frauen aus dem Altarraum, der Teilnahme am sonntäglichen Gottesdienst auszuschließen, wie es z.B. im Blick auf Wöchnerinnen noch bis in die sechziger Jahre des letzten Jahrhunderts der Fall war. Nur eine besondere Segnung befreite von dieser „Unreinheit".[77] Das Pendant zur dynamischen Sensibilität Jesu in dieser „Heilungsgeschichte" ist die – angesichts der eingetretenen Wirkung – „wissende" Mitteilung der eigenen Lebensgeschichte, der „ganzen Wahrheit" (V.33). Das ist der Schluss- und der geheime Fluchtpunkt dieser eingebauten

Einzelszene. Wir erfahren nicht, wie Jesus dieses Erlebnis der Kraft, das sich „passiv" an ihm vollzog, deutete und ob sich sein Sprechen (V. 35: „während Jesus noch redete") auf diese radikale Wendung im Leben der Frau bezog. Als Magier hat er nicht gehandelt. Was an dieser Stelle nicht gesagt wird, lässt Raum für gläubiges Staunen[78], das eigentliche Wunder: der Glaube, der sich in der Lebensgeschichte der Frau zeigte! Sehen die Verantwortlichen heute die ausgestreckte Hand der Frau? Jesus höchste Sensibilität, zunächst für die von ihm ausgehende, gar nicht beabsichtigte Kraft, sein Innehalten, Nachfragen, sein Zuhören für die Lebenswahrheit – was kann es Höheres geben? Umgeben von der Menge, aktiviert durch die Berührung einer einzigen Frau. Vom Spüren zum Hören und Bekennen: das ist zutiefst katholisch, weil dieser Prozess die Sinne aktiviert.

Ein Nebensatz im Partizip nimmt die Bewegung Jesu wieder auf: „Während er noch so redete, kamen einige aus dem Haus des Jairus!" (V.35).

4.   Die   Heilung   eines   (nichtjüdischen) Taubstummen (Mk 7,31-37)

Während das um das Jahr 100 n. Chr. in Syrien oder Kleinasien entstandene Johannes-Evangelium die Geschichte Jesu in höchster kanonischer Verflochtenheit vom nachösterlichen Glauben aus schildert und die dort geschilderten Wunder nicht als „enthüllende Zeichen der verborgen anwesenden Gottesherrschaft […] , sondern einzig als Zeichen des sich in Jesus bezeugenden und offenbarenden Gottes" gelten müssen[79], ist Jesus im Markus-Evangelium der verborgene Messias, der trotz seines „Verborgen-bleiben-Wollens" nicht verborgen bleiben kann.[80] Das zeigt sich besonders in einigen Krankenheilungen.

Die Syrophönizierin (Mk 7,24-30) näherte sich Jesu auf nichtjüdischem Gebiet, die an ihren Blutungen leidende Frau (Mk 5,25-34) machte sich regelrecht an Jesus heran. Beide Gestalten wandten sich direkt an Jesus, mussten den Weg zu ihm finden. Etwas anders in der unmittelbar auf Mk 7,24-30 folgende Perikope von der Heilung eines Taubstummen (Mk 7,31-37), die im Gebiet der 10 Städte (Dekapolis) liegt, östlich des Sees von Galiläa und nach Süden hin des Jordan. Nicht benannte Menschen („sie", die „Menge") bringen den (vermutlich) nichtjüdischen Mann:

„[31] Abermals kam er, aus dem Gebiet von Tyrus kommend durch Sidon, an den See von Galiläa – mitten ins Zehnstädteland. ("15 Effata - The sunny side") [32] Und sie bringen ihm einen Tauben und Halbstummen und ermutigen ihn, dass er ihm die Hand auflege. [33] Nachdem er ihn von den Leuten weg abseits genommen hatte, steckte er die Finger in seine Ohren, spuckte und hielt seine Zunge fest. [34] Und aufblickend zum Himmel stöhnte er auf, und

sagt zu ihm: Effata! Das heißt: Öffne dich! [35] *Und gleich ward geöffnet sein Gehör und gelöst die Fessel seiner Zunge, und er redete richtig.* [36]*Dann mahnte er sie, es keinem zu sagen. Aber so sehr er sie mahnte: Sie verkündeten es nur umso mehr.* [37]*Und bestürzt waren sie über die Maßen und sagten: Gut hat er alles gemacht. Die Tauben macht er hören und die Stummen reden."*

Mein Augenmerk liegt auf der Zeichenhandlung, die Jesus bei dem Taubstummen vornimmt:

- Er nimmt ihn aus der Menge heraus (V. 33)

- Er steckt den Finger in seine Ohren (V. 33)

- Er spuckt und hält seine Zunge fest

(berührt die Zunge mit seinem Speichel) (V.33)

- Er blickt zum Himmel und stöhnt (V. 34)

- Er spricht ein Lösewort: Effata!

(„Öffne dich!") (V. 34)

- Er mahnt die Geheimhaltung an (V. 36)

Anders als in hellenistischen Wundergeschichten – so Karl Kertelge[81] – und bei anderen Heilungsgeschichten finden diese sinnlichen Symbolhandlungen und Wendungen hier eine deutliche Erwähnung, vielleicht im Blick auf die in Mk 8,17f. angemahnte Notwendigkeit, dass auch die Jünger, sich um das Verständnis der Botschaft Jesu bemühen sollten:[82] „[17]*Noch immer begreift und versteht ihr nicht! Harthörig haltet ihr euer Herz.* [18]*Augen habt ihr und erblickt nicht, habt Ohren und hört nicht.*" (Mk 8,17f.) Näher an der eigentlichen Handlung dürfte die Erklärung sein, dass das in die „Ohren-Stecken-der Finger" nach der Separation ein weiterer Reiz für den Betroffenen ist, der ja nicht von sich aus auf Jesus zugehen konnte. Auch die uns heute befremdlich anmutende „Spuckaktion" dient der Kommunikationsaufnahme zwischen Heiler und zu Heilendem. Der Blick zum Himmel und das Stöhnen bzw. Seufzen, lautes Einatmen Jesu entgehen dem Taubstummen, der sich in einem Raum nur für ihn selbst befindet, nicht. Ob er es mehr als

Hineinversetzung des Heilers in seine Situation (Empathie) oder als Ausdruck der pneumatischen Erregung im Sinne eines Kraftempfangs des Himmels (Gebetsgestus) deutet, bleibt offen. Er kann es mit den Augen sehen, ebenfalls wie den Blick Jesu in die Höhe. Ob der Nichtjude das aramäische Öffnungswort „Effata!" hingegen versteht, darüber kann man spekulieren. Jedenfalls könnte er den Atem Jesu gespürt haben.[83] Gehör und Sprachfähigkeit sind wiederhergestellt. Ausgerechnet jetzt wird ihm aufgetragen, über diese Veränderung nicht zu sprechen. Das gebotene – aber letztlich nicht eingehaltene - Schweigen unterstreicht den Weckruf zum Glauben an Jesu: *„Wer Ohren hat, die hörend sind, höre!"* (Mk 4,9; 23; 7,16) Dem Taubstummen wurden nicht nur Ohren und Mund geöffnet, er sieht, spürt auf eine neue Weise, wieder in einer nur für ihn bereiteten Raum-Zeit-Situation, dem „Theotop" (Ort Gottes).

5.   Die Heilung eines Blinden (Mk 10,46-52):

Jesus ruft zurück!

Auf die Schriftstelle vom Herrschen und vom Dienen unmittelbar vor dem Einzug in Jerusalem berichtet das Markus-Evangelium von einer Blindenheilung in der Nähe von Jericho:

„46So kommen sie nach Jericho. Als er, seine Jünger und ziemlich viele Leute dabei, aus Jericho hinauszog, saß der Sohn des Timäus, Bartimäus, ein blinder Bettler, am Weg. 47Und als er hörte, es sei Jesus, der Nazarener, fing er an zu schreien und zu sagen: Sohn Davids, Jesus, erbarme dich meiner! 48Viele herrschten ihn an, er solle schweigen. Doch schrie er nur noch viel lauter: Sohn Davids, erbarme dich meiner! 49Da blieb Jesus stehen und sprach: Ruft ihn her! Und sie rufen den Blinden und sagen zu ihm: Getrau dich! Auf, er ruft dich! 50Da warf er sein Obergewand ab, sprang auf und kam zu Jesus. 51Und Jesus hob an und sprach zu ihm: Was willst du, dass ich dir tun soll? Der Blinde sagte zu ihm: Rabbuni, etwas erblicken möchte ich wieder. 52Und

Jesus sprach zu ihm: Geh, dein Glaube hat dich gerettet.

Und gleich konnte er wieder etwas erblicken. Und er folgte

ihm auf dem Weg."

Gegen Widerstände Wünsche weiterzuverfolgen, das spricht – wie im Fall der Syrophönizierin und der Frau mit dem Blutfluss - für eine tiefe Not, aber auch einen starken Charakter. Hier handelt es sich um einen Bettler, der seine Wahrnehmung auf das Ohr reduzieren muss, weil er blind ist und am Boden sitzt (V.50). Von Jesus hatte er zuvor schon gehört (V.47). Der Name des „Nazareners" lässt ihn unmittelbar damit beginnen, ihn laut auszurufen, als er merkt, Jesus könnte in der Nähe sein. Vielleicht wird Jesus durch den sich – trotz oder wegen des Schweigegebots der „Vielen" aus der begleitenden Menge – steigernden Hilferuf „Sohn Davids, erbarme dich meiner!"[84] (V48) auf ihn aufmerksam und lässt ihn zu sich rufen? Die Stimmung der Begleiter schlägt in Sympathie um. Jetzt erst legt Bartimäus sein

Obergewand ab, steht auf und kommt zu Jesus Wie eigentlich? Wer gibt ihm die akustischen Signale? Obwohl für jeden Beteiligten, auch Jesus, sichtbar gewesen sein dürfte, worin das Problem des Bartimaios („Sohn des Timaios") gelegen haben dürfte, will Jesus, dass dieser sein Anliegen nennt. Gesunde haben bekanntlich viele Wünsche, Kranke oder Menschen mit Handicap nur einen. Und bei Bartimäus klingt dieser Wunsch in der Übersetzung von Friedolin Stier gleichzeitig bestimmt und doch zurückhaltend: „Sein Herr" solle ihm ermöglichen, wieder etwas zu erblicken, nicht alles, sondern nur etwas! Jesus nimmt in der ganzen Abfolge „Hören", „Rufen" (Bekenntnis), „Widerstände aushalten"

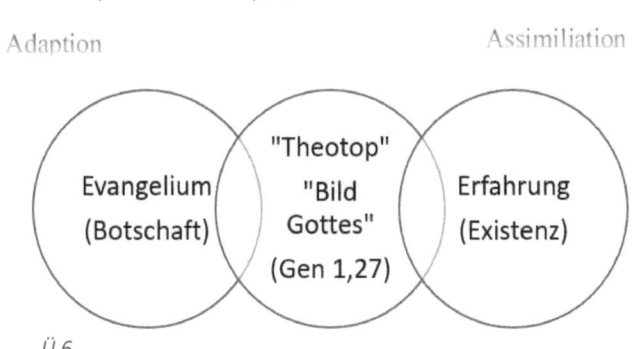

Ü 6

(Schweigegebot), „Sich-Einladen-Lassen"(Gerufen-werden), „Sich-Bereit-machen" (Mantel abwerfen) – „Aufstehen" (Sprung), „Kommen" und der Formulierung des einzigen Wunsches die Wegstationen eines gewachsenen Vertrauens in ihn wahr. Jesus „erkennt" Bartimäus „Glauben". Ohne den „Sohn Davids", der zum angerufenen „Rabbuni" wird, keine Heilung, das ist der „Glaube" des Bartimäus, der ihn tatsächlich rettet. Eine eigene Symbolhandlung Jesu ist nicht nötig. Das Urteil Jesu ist eine Bestätigung dessen, was nun für niemanden - „auch für die sehenden Begleiter nicht - in einer besonderen Raum-Zeit - geschehen ist. Welcher Moment für Bartimäus! Wie kann man, nachdem man das Augenlicht wiedergewonnen hat, der Aufforderung nachkommen, „wegzugehen"? Wie lange folgte Bartimäus Jesus wohl auf dem Weg nach Jerusalem?

6.   Jesus im Haus des Pharisäers (Lk 7,36-50)

„*36Es bat ihn aber einer der Pharisäer, mit ihm zu essen. Und so ging er in das Haus des Pharisäers und lagerte sich zu Tisch. 37Und da! Eine Frau war in der Stadt, eine Sünderin. Als sie erfuhr, er habe sich im Hause des Pharisäers zu Tisch gelegt, brachte sie ein Alabasterfläschchen voll Salböl. 38Sie trat von hinten an seine Füße heran – weinend – und begann, mit den Tränen seine Füße zu netzen. Sie trocknete sie mit den Haaren ihres Kopfes und liebkoste seine Füße und salbte sie mit dem Salböl. 39Als der Pharisäer, der ihn geladen hatte, es sah, sprach er bei sich und sagte: Der – wenn er ein Prophet wäre, so müsste er merken, wer und was das für eine Frau ist, die sich an ihm festhält -, dass sie eine Sünderin ist. 40Und Jesus hob an und sprach zu ihm: Simon, ich habe mit dir etwas zu besprechen. Der sagt darauf: Lehrer, sprich! 41Ein Geldverleiher hatte zwei Schuldner. Der eine schuldete ihm fünfhundert Denare, der andere fünfzig. 42Da sie nichts hatten, um zurückzuzahlen, schenkte er es beiden.*

Welcher von ihnen wird ihn nun mehr lieben? ⁴³*Hob Simon an und sprach: Ich nehme an, der, dem er mehr geschenkt hat. Er aber sprach zu ihm: Zutreffend hast du gerichtet.* ⁴⁴*Und zur Frau gewandt, sagte er zu Simon: Erblickst du diese Frau? Ich bin in dein Haus gekommen, Wasser auf die Füße hast du mir keins gegeben – die aber hat mit den Tränen meine Füße genetzt und mit ihren Haaren getrocknet.* ⁴⁵*Keinen Kuss hast du mir gegeben – die aber, seit sie hereingekommen ist, ließ nicht ab, meine Füße zu liebkosen.* ⁴⁶*Mit Öl hast du mir den Kopf nicht gesalbt – die aber hat mit Salböl meine Füße gesalbt.* ⁴⁷*Deshalb – ich sage dir: Nachgelassen sind ihre Sünden, die vielen, denn sie hat viel geliebt. Dem wenig nachgelassen ist, der liebt wenig.* ⁴⁸*Zu ihr aber sprach er: Nachgelassen sind deine Sünden.* ⁴⁹*Und die Leute, die zu Tisch lagen, fingen an, unter sich zu sagen: Wer ist das, dass er sogar Sünden nachlässt?* ⁵⁰*Er aber sprach zu der Frau: Dein Glaube hat dich gerettet. Geh in Frieden!"*

Die Situation einer weinenden Frau, die sich uneingeladen in das Haus eines Pharisäers einschleicht, um Jesu Füße mit ihren Tränen zu bedecken und sie mit ihren Haaren zu trocknen, sie zu küssen und damit mit duftendem Öl zu salben, nimmt Jesus zum Anlass, um den Hausherrn zu belehren, mehr noch, ihn zu „beschämen". Er spiegelt das auf den Gast bezogen unsensible Verhalten des rechtgläubigen Gastgebers, mit der Intensität, ja eigentlich Servilität einer „Sünderin", deren Praxis in den Augen des Pharisäers und der übrigen Gäste erotisch aufgeladenen (Tränen, Haar, Salbung – Berührung), stummen Handlung, die nicht die Voraussetzung, sondern die Wirkung einer vorausgegangenen Barmherzigkeit war. Die Frau kann Liebe zeigen, weil ihr Liebe in der „Sündenvergebung" entgegengebracht wurde. Die in den Augen des Gastgebers provozierende Geste wird von Jesus in keinen speziellen Kontext gestellt. Die

Frau wird nicht „entschuldigt" für ihre aktuelle Tat. Jesus wirbt nicht um Verständnis für sie. Er billigt offenbar ihr Verhalten in größtmöglicher Gelassenheit, weil er die Lebensgeschichte dieser Frau offensichtlich kennt. Er weiß: diese Frau ist die Gestalt mit den „größeren" Schulden. Der gastgebende Pharisäer ist kein empathieloser Moralist. Er erkennt den Wert der Dankbarkeit angesichts der jüdischen Praxis der Entschuldung. Seine Blindheit und Rücksichtslosigkeit besteht in der ausschließlichen Rückbezüglichkeit der religiösen Praxis auf die eigene Person. Selbstliebe im Blick auf die Barmherzigkeit Gottes verhindert die „Vergebung der Sünden". Deshalb lässt Jesus die – an sich unhöfliche - „Beschämung" des Gastgebers bestehen. „Sie hat viel geliebt" – die Mehrdeutigkeit dieser Aussage nimmt die Lebensgeschichte und den Wandel dieser Frau auf. Auch der Pharisäer ist dazu aufgerufen, zu erkennen, wer er ist. Jesus schützt den

„Schambereich", den personalen Kern der Würde der weinenden Frau und „beschämt" den vermeintlich im Schutz der eigenen Rechtgläubigkeit lebenden Simon. Aus dem kleinen Ausschnitt von Wunderheilungen aus dem Markusevangelium wird deutlich, welche Haltung Jesus gegenüber den Menschen einnimmt,

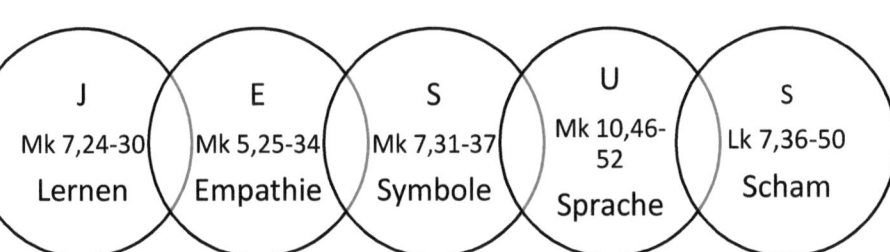

J
Mk 7,24-30
Lernen

E
Mk 5,25-34
Empathie

S
Mk 7,31-37
Symbole

U
Mk 10,46-52
Sprache

S
Lk 7,36-50
Scham

Ü 7

die zu ihm kommen: Lern- und Reflexionsbereitschaft. In Ergänzung zu seiner an Beispielen aus der Alltagswelt gewonnenen Gleichnissen, Allegorien und Parabeln, benutzt Jesus Symbole und eine Sprache, die mehr deutet als vorschreibt. Seine Handlungen sind von tiefer Empathie, einem Mitverständnis für die schwierige Lagen der Notleidenden geprägt. Diese werden selbst

– wie die Frau im Haus des Pharisäers Simon – zu Zeugen („Märtyrern") der Beschämung für Menschen, die den existenziellen Tiefgang der Torah trotz eigener Bemühung nicht erkennen. Dies geschieht, weil sie zuvor die Barmherzigkeit und Vergebungsfähigkeit Jesu erfahren haben. Das bewirkte eine innere Verwandlung ihres Wesens, schuf ein neues, vielleicht ein erstes „Selbst". Jesus, dessen eigener Glaube in einzigartiger Weise zu Gott hin geöffnet ist, hat – so formuliert es Joachim Gnilka – „seine Wunderheilungen […] als vorausgreifende, in seiner Tätigkeit geschehende Offenbarung der Gottesherrschaft gesehen."[85] In ihnen zeigt sich – überraschend für Jesus selbst, wie in der Begegnung mit der „blutflüssigen Frau" – schon „jetzt" die Dynamik (gr. dynamis = Kraft) der heilenden Gegenwart Gottes[86], deren endgültige Verwirklichung noch aussteht. In diesen Erzählungen, für die sich für uns heutige empirische

Analytiker aufgrund ihrer Zeitbedingtheit nur schwer ein Zugang ergibt, kann man trotzdem den Anhaltspunkt für den Gedanken der „Messianität" Jesu erkennen, der sich in der Überwindung jedes dualistischen oder deterministischen Weltbildes dem konkreten Heilsbedürfnis des Menschen verpflichtet sieht und andererseits den Überschuss vor jeder prophetischen Mahn- und Warnpredigt in der auch von Jesus selbst erlebten „Kraft" (dynamis) anzeigt. An „übernatürliche Wunder" im Sinn des Durchbrechung von Naturgesetzen glauben viele Menschen heute zurecht nicht mehr. Doch dass sich in Menschen heilende Kräfte bemerkbar machen, von dieser Vorstellung sind viele – vielleicht aus eigener Erfahrung – geprägt und überzeugt. Darin erweist sich ihr Glaube, weil er sich vom „Ganzen" inspirieren lässt. Und das ist eine „katholische" Haltung.

7. Fazit

Um ein Interesse an der Gestalt des „katholischen" Jesus von Nazareth zu wecken, muss nicht die theologische Komplexität des Johannesevangeliums bemüht werden. Sie zeigt sich – schon im Blick auf den Prolog – als transhistorische Sinnerfüllung in der Identität des gekreuzigten und verherrlichten Christus. Das ist begrifflich weit weg von den Erfahrungsräumen des heutigen Menschen. Zum Nachweis gegenwärtiger Verwendbarkeit der Ethik Jesu braucht es keinen Grundkurs im Präferenzutilitarismus, etc. Es genügt ein Blick auf konkrete, natürlich immer schon im Licht einer glaubenden Gemeinde tradierte, literarisch geformte und theologisch redigierte Textsituationen, um den Vorrang der Tat Gottes („Heilsindikativ") vor dem Anspruch, dieses Tatbeispiel als Aufforderung an sich wahrzunehmen, selbst barmherzig zu sein („Heilsimperativ"). Es kommt darauf an,

Begegnungsorte oder -situationen zwischen den Heilungserzählungen und Existenzerfahrungen zu ermöglichen. Dieser „Ort" kann nur im Kreisen um den Gedanken der Personalität des Menschen, dem „Selbst", stattfinden. Personalität ist theologisch durch Gen 1,27 und auch religionsphilosophisch-existenziell, z.B. durch Augustinus mit dem Gedanken der „imago Dei", der Spiegelhaftigkeit menschlichen Denkens- und Fühlens, dem neuzeitlichen Denken und Empfinden verbunden. Ein emphatisches Begegnungsgeschehen („Korrelation"), das sich – das hat Jean Piaget bleibend erkannt – in jedem Menschen abspielt („Adaption" und „Assimilation"), ob er gesund oder krank ist. Gegenwart verliert ohne Korrelation die tradierte Vergangenheit ihre „Spannkraft". Genau dies macht die Christinnen und Christen von heute so a-katholisch „mürbe": der Verlust der eschatologischen Dimension des Glaubens.[87] Das

„Erheben des Herzens!" – „Sursum corda!" Und wir heutige Menschen können auch das Irritierende in der Botschaft Jesu bestehen lassen. Der Ruf zur bedingungslosen Nachfolge, der harsche Umgang mit Petrus, der nicht versteht, warum Jesus ihm die Füße waschen will, die Verleugnung der eigenen Mutter, Zorn und Aggression gegenüber den Geschäftemachern mit der Religion usw. Im Zentrum dieser geheimnishaften Person bleibt die tiefe Menschlichkeit in einer unlösbaren Verbindung mit dem Gott, den er nur einmal im Markus Evangelium „Abba", „Lieber Vater" nennt (Mk 14,36). Von ihm sieht er sich gesandt. Seinen Willen will er erfüllen.

„[17]Er öffnete das Buch und fand die Stelle, wo geschrieben ist: [18]Geist des Herrn ist auf mir, weil er mich gesalbt: Armen Heilsbotschaft zu bringen, hat er mich gesandt. Gefangenen Freilassung zu künden, Blinde aufblicken zu lassen, Unterjochte in Freilassung zu senden, [9]anzukünden das Jahr, das willkommen ist dem Herrn." (Lk 4,17-19)

C.   Der (inaktive) Schaltplan

1.   Beschränkung

Nach einer Betrachtung des katholischen Prinzips der Mehrsinnlichkeit an ausgewählten „Orten" / Kommunikationsstellen des Menschen zentrierten wir unsere Aufmerksamkeit auf ganz wenige Heilungserzählungen Jesu, vor allem aus dem Markusevangelium. In ihnen leuchtet – durch die bereits begonnene kirchliche Formung der Texte hindurch – die eschatologische (endzeitliche) Verwandlungskraft, die „Dynamik" Gottes auf: „In und mit Jesus wurde Gott selbst erfahrbar."[88]Jesus rief die sich entfaltende Gottesherrschaft nicht nur aus, sie wurde in seinen Worten, Taten, in seiner Person erfahrbar: *„Wenn aber ich mit dem Finger Gottes die Abergeister austreibe, dann ist über euch das Königtum Gottes gekommen."* (Lk 11,20) In diesem endgültigen Wirken besteht die Sendungsautorität Jesu, die mit zahlreichen Deutungsworten in den kulturell unterschiedlichen Gemeinden auf- und angenommen wurde. Diese Gemeinden kommen trotz der Unterschiedlichkeit in der Beschreibung in der gleichen christologischen Ursprungserfahrung überein: der verkündigende, verstoßene, gekreuzigte Jesus der Geschichte ist mit dem auferstandenen, erhöhten und zum Gericht wiederkommenden Herrn identisch.[89] Der Rabbi (Meister), der Prophet, der Sohn Davids, der Menschensohn, der Kyrios (Herr), der Christus-Messias, der Sohn Gottes. Bezeichnungen für die Klammer zwischen „Historie" (Welterfahrung) und nachösterlicher Rettungs-erfahrung, wie sie im Titel „Jesus (ist der) Christus" fortan bekannt wird: *„⁹Denn: Wenn du mit deinem Mund bekennst: Herr ist Jesus, und glaubst mit deinem Herzen, dass Gott ihn von den Toten erweckt hat – wirst du gerettet."* (Röm 10,9). Ausgehend von Hymnen und (praktischen) Kurzformeln vollzieht sich die

Ausbildung der kirchlichen Christologie und Gotteslehre in Kooperation, aber auch in Gegnerschaft zu den „weltlichen" Mächten, immer wieder geprägt von internen Kämpfen um die Deutungshoheit der Gestalt Jesu. Das ist bis heute so geblieben. Ein etwas näherer Blick in die Kirchengeschichte des 19. und 20. Jahrhunderts beleuchtet die Konfliktfelder um das Verhältnis zwischen Lehramt und Ortskirchen, zwischen Papst und Theologie, zwischen Dogma und Schrift, zwischen Konzil und Papst, Synodalität und historisch geformter hierarchischer Ordnung, etc. Die an sich notwendige Aufdeckung zahlreicher Verbrechen im Innenraum der Kirche stellt in der Gegenwart die bisherige Struktur insgesamt in Frage. Diese wird von sehr vielen nicht mehr als „heilig", „heilend", „herausragend", etc. empfunden. Die Nennung bisheriger „Tabus", wie z.B. Struktur der Kirche, Bindung des Priestertums an die zölibatäre

Lebensform, Einbezug von Frauen in alle Leitungs- und Dienstämter, etc. bedeutet in Wirklichkeit ihre Relativierung auf die Umstände, Kontexte einer neuen Zeit hin. Und das ist zutiefst legitim, ja sogar ein Zeichen der Bußfertigkeit, des Willens zur „Besserung". Vorhandene Fragen, neue Deutungen, die der Gestalt Jesu näherkommen als bisherige Formelantworten, müssen zu einer strukturellen und geistlichen Erneuerung, die mehr ist als eine bloße „Reform", führen. Hier kann sich jeder – in demokratischer Gesinnung - vieles wünschen. Natürlich muss man die Strukturen der Kirche stärker „demokratisieren" im Sinn einer stärkeren Teilhabe aller an der Tradition und den Gotteserfahrungen der Lebenden. Die „Religion", die „Bindung des Einzelnen und der Gemeinde an den obersten „Boss", Gott, lässt sich dabei aber nicht demokratisieren.[90] Gott wird nicht gewählt, sondern als Herr über den Kosmos, erwählt er in freier, souveräner Liebe.[91] Diese

Vorgabe muss in jeder sozialen Gestalt der Kirche sichtbar sein. Auch Erneuerung und Reform haben unhintergehbare Grenzen. Es sind die „Grenzen", die Freiheit und Reform ermöglichen.

Deswegen geht es im Folgenden nicht in erster Linie um die Formulierung der Botschaft, das Kerygma, sondern darum, wie die Kirche als Gemeinschaft der Getauften, an Jesus Christus Glaubenden eine Form wiederfindet, diesen Glauben in den unterschiedlichen kulturellen Räumen der jeweiligen Jetztzeit angemessen, d.h. mit gehörigem Abstand zum Gottesgedanken (negative Theologie) und sich selbst absolut setzenden Anthropologien zur Sprache zu bringen. Diese Form ist weder allein monarchisch (papal) noch demokratisch (synodal). Es geht vielmehr um die Entdeckung, dass Katholizität ohne Erneuerungsbereitschaft nicht zu denken ist.

„Wie ticken nun Katholiken?" „Welche Sprache sprechen sie?" „Ist ihr Handeln nachvollziehbar?"

„Kann ich mich auf diese Religion einlassen?" – Damit sind die Fragen nach der Glaubwürdigkeit der Kirchen, besonders der römisch-katholischen, gestellt. Glaubwürdigkeit ist nicht nur ein ethisches Ideal, das aus der Übereinstimmung zwischen Denken und Handeln gewonnen werden kann. Sie ist auch Ergebnis der transparenten Anwendung von Verfahren der Erhebung theologischer Aussagen in den Rang von im Gewissen bindenden Glaubensaussagen.

Ein notwendig oberflächlicher Blick auf die beiden anderen monotheistischen Religionen, die in unauflöslicher Beziehung zum Christentum, hier in seiner römisch-katholischen Ausprägung, stehen, öffnet das Verständnis für die notwendige Transparenz und Nachvollziehbarkeit von Entscheidungen. Schon im Blick auf das interreligiöse Gespräch ist der Bereich der Theologischen Erkenntnislehre fundamental. Noch wichtiger für das innere Gleichgewicht von Identität, Relevanz und Resonanz.

2.   Blick auf jüdisches Denken

Religionen als soziale und inhaltlich bestimmte Institutionen haben – das wird meistens vergessen – einen „Schaltplan", nach dem Entscheidungen vor- oder zurückgenommen werden. Dieser Schaltplan ist historisch gewachsen und bildet den Rahmen theologischer Erkenntnis und dogmatischer Definition. Denn jede Religionsgemeinschaft will sowohl nach Außen (Relevanz) als auch nach Innen (Identität) wirken. Der Kernimpuls jüdischen Denkens ist geprägt – ein Blick auf die Organisation einer Synagoge als Bethaus und Schule – genügt vom Gedanken des „Lernens", der „Lehre", dem Studium. Das Zentrum dieses Studiums bildet die Tora (hebr. „Lehre", „Unterweisung"). Im engeren Sinn bezeichnet die Tora die an Mose am Sinai übergebene

Offenbarung Gottes und die fünf Bücher Mose, im weiteren Sinn die Gesamtheit der jüdischen Schriften (T^ENA^K: Tora, Nebiim, Ketubim: Torah, Propheten, Schriften). Die ganzjährige, abschnittsweise Toralesung (Parascha) bildet das Zentrum des religiösen Lebens im Judentum. Zusammen mit den Büchern der Propheten und den Weisheits- und Geschichtsbüchern, Psalmen, Klage- und Liebesliedern bilden die „Fünf-Bücher-Mose" die schriftliche Lehrseite ab. Diese schriftliche Fassung der Tora bedarf der beständigen Auslegung und Aktualisierung in der mündlichen Lehre, die im Blick auf Gen 26,5 und 34,32 auf Mose zurückgeführt wird.[92] Daher steht im Judentum der schriftlichen Lehre die „mündliche" Lehre des Talmud[93] (hebr. „Lernen") gegenüber. Der Ausgangspunkt jeden Nachdenkens und Diskutierens ist – das darf man nicht vergessen – die (handschriftlich) fixierte Tora. Und so ist der Talmud[94] auch als „mündliche Torah" ein schriftliches Werk. Es bildet als Babylonischer und als Jerusalemer Talmud eine Sammlung von Diskussionen und Kommentaren ab, die in den jüdischen Akademien von Palästina (vor allem in Cäsarea, Tiberias, Sepphoris, Lydda) und umfänglicher in Babylonien (vor allem in Nehardea, Sura, Pubedita, Mahoza, Naresch, Mata Mehasya) stattfanden. Der palästinische (Jersusalemer Talmud), in Westaramäisch verfasst, wurde Ende des 5. Jahrhunderts abgeschlossen. Die Überlieferung der Talmudim (Pl. von Talmud) erfolgte dabei immer wieder unter schwierigen Bedingungen. Aus dieser durchgehaltenen Überlieferung erwuchsen die Talmud-Tora-Schulen, in der Regel orthodoxe Elementarschulen, die seit dem 19. Jahrhundert versuchten, auch die Anerkennung als „Höhere Schule" zu gewinnen.[95] Als Mischna (hebr. „Lernen", „Wiederholung") werden die im 2. Jh. n. in Palästina entstandenen Sammlungen von Lehrsätzen bezeichnet. Die „Mischnajot" werden einzelnen Gelehrtenschulen, z.B. der des Rabbi Meir oder Rabbi Akiba zugeschrieben. Es sind – wie die sog. Tossefta und die halachischen Midraschim - Sammlungen der Halacha (hebr. „Gehen", „Wandeln"), die sich mit den Religionsvorschriften beschäftigen. Sie bestehen als eine „Quelle" des Talmud aus sechs Ordnungen bzw. Teilen (Sedarim), die sich wieder in Traktate mit verschiedenen Kapiteln und Lehrseiten verfeinern.[96] Die „Haggada" (hebr. „Erzählung") als Pendant zur Halacha umfasst alles nicht-halachische, also erzählerische Überlieferungen, wie z.B. Anekdoten, Märchen, Gleichnisse, Wunder- und Weisheitsgeschichten und ebenso Teil der Tora.

Neben der Mischna und ihren Quellen der Halacha und Haggada, die aus festsetzenden und erzählenden Texten bestehen, kommt der Diskussion dieser Gelehrtensprüche der Mischna ein eigener talmudischer Charakter zu: die „Gemara" (hebr.

Lernen, aramäisch: Vollendung). Ein diskursiver, originär theologischer Verständnisansatz der mündlichen Lehre!

Während die Haggada – wie oben angedeutet - in der Auslegung der Schrift von „spielerischer Phantasie"[97] geprägt und nicht auf die Herleitung praktischer Normen ausgerichtet ist, so dass jeder einen Schriftvers nach eigener Vorstellung erklären kann, hängt die Verbindlichkeit einer halachischen Anweisung von unterschiedlichen Kriterien ab, z.B. vom Nachweis einer langen Tradition, der Berufung auf eine anerkannte Autorität, dem Vergleich mit einem bedeutenderen Brauch (minhag), der im Widerspruch zu einer halachischen Weisung diese sogar ersetzen kann. Ein Schriftbeweis ist möglich, aber ohne die anderen Kriterien nicht ausreichend, weil er als widerlegbar gilt. Umstrittene Regelungen werden dem Mehrheitsbeschluss unterzogen[98], um einen neuen Konsens zu definieren. Eine zentrale

„Instanz" („Lehramt") für alle jüdischen Gemeinden wird nicht erwähnt, ergibt sich aber indirekt aus dem Zusammenwirken der Argumente in der Halacha.

Zu Ü 8: Auslegungskriterien der Halacha (hebr. Gehen):

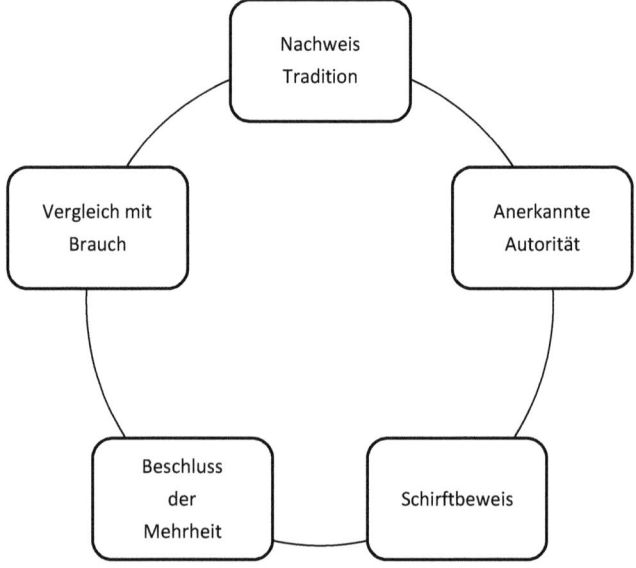

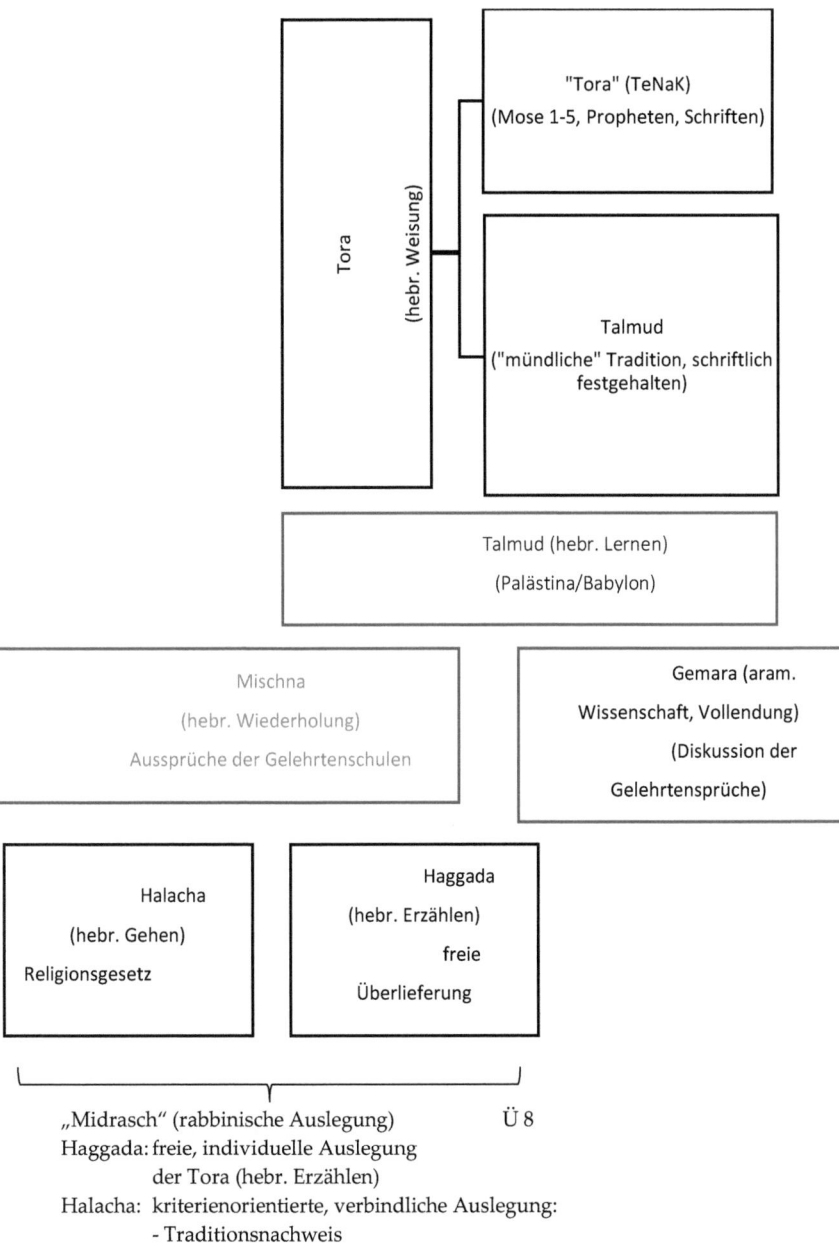

| Tora (hebr. Weisung) | "Tora" (TeNaK) (Mose 1-5, Propheten, Schriften) |
| | Talmud ("mündliche" Tradition, schriftlich festgehalten) |

Talmud (hebr. Lernen)
(Palästina/Babylon)

Mischna
(hebr. Wiederholung)
Aussprüche der Gelehrtenschulen

Gemara (aram. Wissenschaft, Vollendung)
(Diskussion der Gelehrtensprüche)

Halacha
(hebr. Gehen)
Religionsgesetz

Haggada
(hebr. Erzählen)
freie
Überlieferung

„Midrasch" (rabbinische Auslegung)   Ü 8
Haggada: freie, individuelle Auslegung
          der Tora (hebr. Erzählen)
Halacha: kriterienorientierte, verbindliche Auslegung:
          - Traditionsnachweis

Aufbau einer Talmudseite[99]:

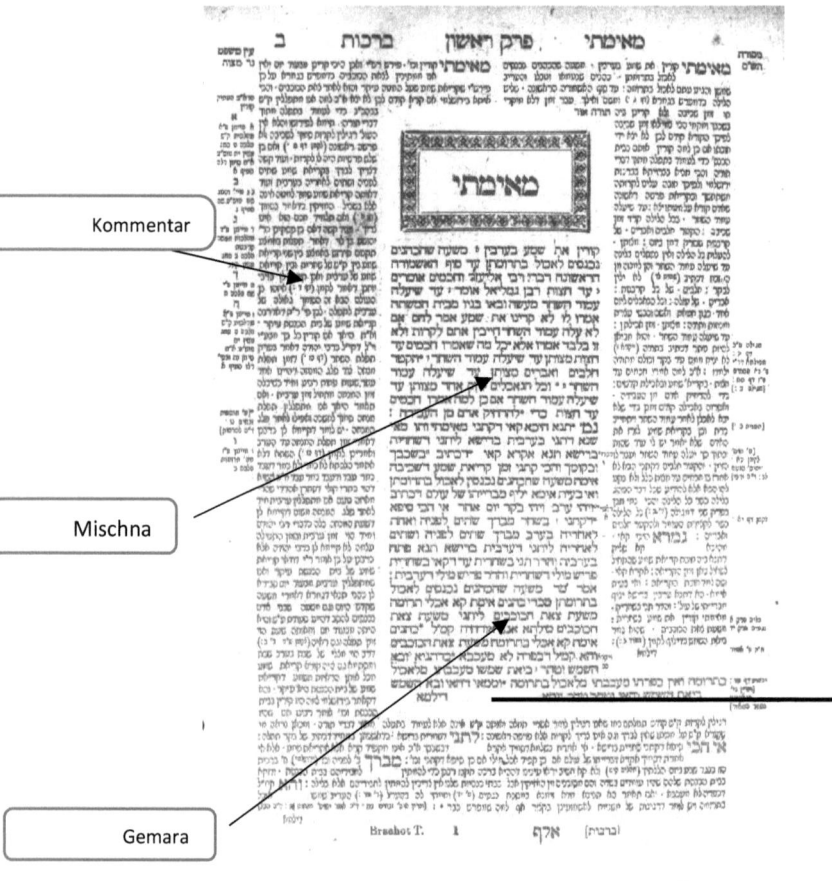

Kommentar

Mischna

Gemara

Ü 9

3. Prinzipien islamischer Rechtsfindung

Mit dem Tod Muhammads (570 – 632 n. Chr.) endet die vermeintlich absolute Konzentration auf den in der sich herausbildenden arabischen Sprache festgelegten göttlichen Offenbarungsanspruch des Koran, der die höchste Norm des Rechts ist.[100] Es beginnt nach dem Weggang des Offenbarungsempfängers die Notwendigkeit den Inhalt in seiner vom Engel Gabriel bestimmten Form zu sichern, um die lebenspraktische Funktion des Koran zu gewährleisten. Er gilt als „al-Furqan" („die Unterscheidung") zwischen" Gut und Böse, Irrtum und Wahrheit, Absolutem und Relativem, Wirklichkeit und Unwirklichkeit."[101] Auch im Islam kann es von Anfang an nicht bei der Festlegung auf einen absoluten Text bleiben. Es bedarf der Erklärung, Diskussion und Erzählung, einer Form der „Weitergabe" des einmal „Gelesenen".

Die zweite Hauptquelle des Islam ist somit die „Sunna" („Tradition"), im Koran angelegt als Forderung, sich der Führung des Propheten und seiner authentischen Interpretation der göttlichen Offenbarung zu unterwerfen.[102]

Diese aus dem Koran fortgeführte normative Funktion des Lebensbeispiels Muhammads kommt in den Erzählungen (Hadithe) seiner Gefährten und späterer Gewährsleute zum Ausdruck.[103] Sie ist auch wichtigster Ansatzpunkt für die Erklärung des Koran (tafsir), die in ihrer monumentalen Tradition bisher nicht umfassend begriffen scheint.

Mit der Abwesenheit des Propheten wird die durch den Propheten verbürgte Garantie der Wahrheit der Lehren und abzuleitender lebenspraktischer, ethisch-rechtlicher Maßnahmen, brüchig und bedarf einer Formalisierung des Entscheidungsverfahrens, aus dem sich in einer komplexen historischen und innerreligiösen Entwicklung im sunnitischen Islam ab dem Jahr 750 n. Chr. im Wesentlichen die vier Rechtsschulen der Hanafiten, Malikiten, Schafiiten und Hanbaliten herausgebildet haben.

Ibn-Hanbal (780-855), die Gewährsinstanz der Hanbaliten, stellt den Koran als absolute Grundlage des Rechts in den Vordergrund, ordnet die Gesamtheit der islamischen Überlieferungen, die auf Muhammad bezogen werden können bei und ergänzt als dritte Quelle die Stellungnahmen der Begleiter des Propheten Muhammad, die seiner Meinung nach dem Koran am besten entsprechen. Eine Methode zur Abgrenzung und Differenzierung sich im Umlauf befindender Äußerungen hat er noch nicht, auch verurteilt er die Bemühung um die Bildung eines eigenen Urteils.[104]

Muhammad ibn Idris al-Shafii (767-820 n. Chr.) formuliert ein umfassendes Rechtssystem, das bisher unbefriedigend gelöste Rechtsfragen einer Annahmemöglichkeit zuführte. Gegen die rein traditionsorientierten Malikiten und die „progressiven" Hannafiten, die die Möglichkeit favorisierten, neue Gesetze zu erlassen und sich dabei auf die eigene Urteilskraft zu verlassen, wählt Schafii einen „Mittelweg": Er fordert gegen die Hanafiten die Anwendung des Analogieschlusses (qiyas), um ein bloßes „Für-gut-Halten" auszuschließen. Er betont die Übereinstimmung (igthihad, arab. „Anstrengung, Bemühung") der Rechtsgelehrten als Grundlage der islamischen Rechts und formuliert Regeln zu seiner Anwendung.[105]

Trotz immer wieder unternommener Versuche zur Aktualisierung dieser Prinzipien in Reformbewegungen des 18./19. und 20. Jahrhunderts hält sich in den Rechtsschulen die Tendenz, Rechtsfindungen nach dem Prinzip der „Nachahmung" (arab. taqlid) vorausgegangener – der Zeit des Propheten näher liegender – anerkannter Entscheidungen vorzunehmen.[106]

In der nur oberflächlich zu leistenden historischen Betrachtung werden im Blick auf den islamischen Umgang mit den eigenen Quellen die unterschiedliche normative Kraft und die Verpflichtung an die methodischen Zugänge zu diesen Quellen deutlich.

Als primäre Vorlagen gelten – unabhängig von den in den verschiedenen islamischen Konfessionen vorgenommenen Gewichtungen:

1 Der Koran als unmittelbarer Niederschlag des Willens Gottes in arabischer Sprache, dessen „Text" von der Tradition als zum Koran gehörig anerkannt wird.

2 Die Sunna (Tradition), die ihren Ausdruck in den in ununterbrochener Tradition bis zur Zeit des Propheten und seiner Gefährten und der zwei darauffolgenden Generationen erfolgten Hadithen (Erzählungen) erfolgt. Sie wird – in der Gewissheit und Rechtssicherheit abgestuft – fortgeführt durch die „allgemein bekannten" Traditionen, die erst nach der Zeit der Gefährten Muhammads erzählt wurden.

3. Der Konsens oder die Übereinstimmung (idjma) der Rechtsgelehrten einer Zeit wird von der Mehrheit der Gelehrten ein bindender und verpflichtender Charakter zugeschrieben, begründet in Aussagen des Korans und der Hadithen.[107] „Wer danach trachtet, im Paradies gemütlich zu wohnen, bleibe bei der Gemeinschaft." (Khoury, Rechtssystem, a.a.O., S. 637).

4. Das Anaologieverfahren (qiyas) in Orientierung an früher getroffene Entscheidungen bietet eine Möglichkeit, einen bisher rechtlich noch nicht festgeschriebenen, definierten Bereich, zu beurteilen.

5. Kann trotz der Heranziehung der autorisierten Texte und Entscheidungsverfahren eine eindeutige Bestimmung eines Rechts- oder einer Verpflichtung nicht herbeigeführt werden, so tritt – nach den Ausführungen Khouris der Brauch („urf") und das „Gewohnheitsrecht" (ada) als Kriterium der Rechtsfindung herbei. Eine Möglichkeit,

vorislamische – aber u.U. zweckdienliche – Traditionen anzuerkennen.

6. Das eigene Urteil (ra'y) gilt als Pflicht des Rechtsgelehrten in Orientierung an „sonstigen Angaben des Glaubens, den sittlichen Normen und den rechtlichen Bestimmungen" für den Fall, in dem den erst- und zweitrangigen Rechtsquellen keine Lösungsmöglichkeit zu entnehmen ist.[108]Deutlich wird hier, dass etwa im Blick auf die „Gewissensfreiheit" immer der in das Formationssystem Islam eingebundene Mensch gemeint ist. Eine mögliche Abweichung bisher geltender Inhalte oder Prinzipien ist nicht im Blick.

Fazit: Ohne auf die feinsinnigen Unterschiede der verschiedenen Rechtsschulen und ihre historischen Veränderungen einzugehen, zeigt sich, dass der Islam prinzipiell über ein nachvollziehbares Instrumentarium verfügt, um mit den eigenen Glaubensvorgaben, den primären Quellen (Koran und Sunna) so umzugehen, dass auch spätere – nicht in umittelbarer Nähe zu Muhammad und den beiden folgenden Generationen – stehende Erfahrungen integriert werden können. Der konservative Blick in die Vergangenheit lässt aber auch durch das Verfahren des Analogieschlusses, die Anerkennung von Gewohnheitsrechten und vorislamischen Bräuchen und die unumgängliche Orientierung an der Übereinstimmung der Rechtsgelehrten nur eine sehr begrenzte Öffnung gegenüber abweichenden Formulierungen des Islam (z.B. der Aleviten) nach „Innen" oder zu christlichen oder jüdischen Konfessionen nach „Außen" zu.

Trotzdem zeigt sich in den beiden – nur oberflächlich – verglichenen Religionsgemeinschaften im Prinzip dieselbe Notwendigkeit, den Verstehensvorgang (Rezeption) durch Interpretation zu gewährleisten.

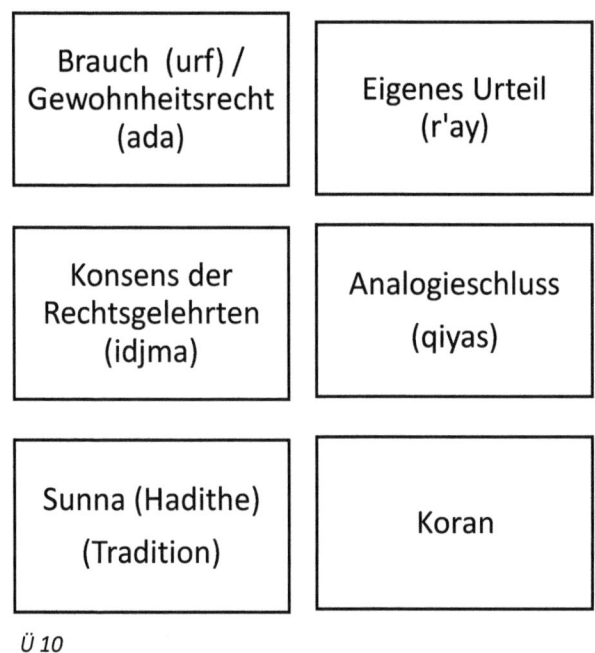

Brauch (urf) / Gewohnheitsrecht (ada)	Eigenes Urteil (r'ay)
Konsens der Rechtsgelehrten (idjma)	Analogieschluss (qiyas)
Sunna (Hadithe) (Tradition)	Koran

Ü 10

4. „Wie ticken Katholiken?"

4.1 Erinnerung: Tradition und Rezeption

Diese Frage nach dem „Wie?" der Einzelnen kann niemand beantworten, weil sie so viele Antwortmöglichkeiten enthält, wie es Katholikinnen und Katholiken gab, gibt und geben wird. Was mit dem etwas lässigen Begriff „ticken" gemeint ist, bezieht sich einerseits auf die historisch gewachsene

Ausdrucksvielfalt des Glaubens, die im Begriff der Apostolizität ihren „Anker" hat: der Rückführbarkeit aller Aussagen auf die Botschaft der Apostel als gleichzeitige Zeugen der Botschaft Jesu und als Zeugen der Gleichzeitig dieser Botschaft für alle späteren Generationen. Damit ist der vorgegebene, einmalig in der Geschichte erfolgte „Urimpuls" der christlichen Zeit- und Raumerfahrung angedeutet. Andererseits verweist das „Ticken" auf die jeweiligen individuell-biographischen oder strukturbildenden Zeiträume und ihre je eigenen Bedingungen. Diese Veränderungen anzuerkennen und sich auf sie einzulassen, ist für Christen bleibende Norm. Sie zeigt sich im Umgang mit und in der Wertung der jüdischen Tora durch Jesus: *„Denkt nicht, ich sei gekommen, um das Gesetz oder die Propheten aufzuheben. Ich bin nicht gekommen, um aufzuheben, sondern um zu erfüllen."* (Mt 5,17) Nicht die Botschaft ist – im Blick auf die jüdische Religion – das eigentlich Neue.

Vielmehr ist es die Form, die „Zuspitzung" oder „Wurzelhaftigkeit" (lat. radix = Wurzel => „Radikalität") der Verbindung der eigenen Person mit seiner Botschaft, die das „Reich der Himmel" (Mk 1,14f.) beschreibt und ihm einen kulturellen Weg, nicht nur in die hellenistische Welt, aufzeigt. Dieser Weg sprengt alle Grenzen: „Nicht mehr nur die Juden, sondern auch die Heiden, nicht mehr nur die Frommen, sondern auch die Sünder, nicht mehr nur die Männer, auch die Frauen – ganz kurz: alle Menschen insgesamt – sind reichgottesfähig."[109] Damit wäre also die Kontroverse zwischen Bindung an die Vergangenheit, Tradition und Zukunftszugewandtheit eigentlich aufgelöst. Der „Sabbat" behält seine Berechtigung, aber er ist nicht um seiner selbst willen da. Er ist Ausdruck der „Ruhe Gottes" (Genesistradition) und Zeichen der geschenkten Freiheit des Menschen und mit Einschränkung auch der Tiere über die Schöpfung

(Arbeit, Kapital, Information, etc.) (Exodustradition). Diese „Ruhe" und „Freiheit" sehen in einer Sklavenhaltergesellschaft (Griechenland, Rom, Neuzeit) anders aus als im mittlelalterlichen Feudalsystem, anders in einer prinzipiell auf der Anerkennung von Menschenrechten fußenden Demokratie, anders in Gesellschaften, die dem Zwang zur digitalen Aufgabe ihrer Identität ausgeliefert sind. Eine Veränderung in der Einschätzung ethischer Grundsätze ist per se eine nicht nur mögliche, sondern sogar geforderte Haltung, um die Wege des Heils offenzuhalten. Das zeigen Beispiele des Normenwandels gerade im innersten Bereich des kirchlichen Lehramts.

Im Jahr 1830 hob Papst Pius VIII. das mit Argumenten aus der Hl. Schrift und durch sieben Allgemeine Kirchenversammlungen (Konzilien) gestützte Verbot der Zinsnahme auf. [110] Innerhalb von wenigen Jahren kam es aufgrund der Rezeption eines päpstlichen

Lehrschreibens Johannes Pauls II (Evangelium Vitae) 1995 zu einer Neubewertung der Todesstrafe von bisheriger Erlaubtheit bzw. Gleichwertigkeit mit nach Möglichkeit anzuwendenden „unblutigen Mitteln" zur faktischen Ablehnung in der Neufassung des Katechismus der Katholischen Kirche.[111]

Die unter dem Einfluss des Kirchenvaters Augustin (354-430) erfolgte gegenseitige Ausschließlichkeit von Sexualität und Nachfolge Christi, die eine der Ursachen für die Einführung des Pflichtzölibats und einer Sexualmoral wurde, die Menschen in persönliche (Gewissenskonflikte) und strukturelle (gesellschaftliche Normen, Prüderie, etc.) Ausweglosigkeiten führte, weicht in der Moraltheologie einem Verständnis von Ehe und freigewählter Ehelosigkeit, das beide als „Erscheinungsformen der Liebe Gottes unter den Menschen"[112] (Eberhard Schockenhoff) und als „wirkliches Freisein für die Sache des Reiches Gottes" sieht und somit beide als wirksames, aber vorläufiges und nicht letztgültiges Zeichen des Heils wertet.[113] Die Bedeutung des Zeichens, der Inhalt hat Vorrang vor der Form.

Wenn darauf der Schwerpunkt liegt, dürfte im Sinne der Freiheit kein grundsätzliches Nein gegenüber verheirateten Priestern und Priesterinnen bestehen.

Im Jahr 1947 veränderte Pius XII. eine seit dem Konzil von Florenz 1439 für das Zustandekommen einer Diakonen-, Priester- und Bischofsweihe gültige Lehre, in der die Übergabe der für die „Weihe charakteristischen liturgischen Geräte als wesentliche Materie des Sakraments" festgelegt wurde zugunsten der Handauflegung des Bischofs mit den Worten: „Wenn sie [sc. die Überreichung der Instrumente] jemals nach dem Willen und der Vorschrift der Kirche auch zur Gültigkeit notwendig gewesen sein sollte, *wissen alle, daß die Kirche Bestimmungen, die sie getroffen hat, auch abändern oder aufheben kann."*[114]

Damit nimmt Pius XII. - ob gewollt oder ungewollt –
die Haltung ein, die Hermann Josef Pottmeyer unter
Verweis auf Formulierungen des Vatikanum II zum
Thema „Reform" beschreibt: „Auch die Kirche, ihre
Verkündigung, ihre Traditionen und Institutionen,
soweit sie menschliche Vermittlung des Wortes
Gottes und menschliche Einrichtungen sind, bedürfen
ständiger Erneuerung (LG 4,7,8,9,10; UR 4,6; GS
21,43). Im Unterschied zu jeder Neuerung besteht die
Er-neuerung der Kirche im Wachstum der Treue
gegenüber ihrer eigenen Berufung (UR 6). Dazu
gehört auch die ständige, an Einsicht zunehmende
Unterscheidung der verbindlichen, in Gottes Treue
begründeten Tradition von ihren zeitbezogenen und
erneuerungsbedürftigen Ausdrucksgestalten, durch
die sich das Wort Gottes jeweils vermittelt. Das
Ringen um diese Unterscheidung ist eine notwendige
Bedingung jeder Reform."[115]

Wenn nicht mehr um das „aggiornamento" (it. Verheutigung) gerungen wird, wenn Positionierungen gegen den theologischen Sachverstand zugunsten einer überholten Auffassung von Ehe und Sexualität und zulasten nachvollziehbarer „Ausdrucksgestalten", z.B. in der Zulassung von Frauen und Männern zu kirchlichen Ämtern, ob ehelos oder in der Ehe, getroffen werden, dann verzichtet die Kirche und das kirchliche Lehramt, das die Verantwortung zur Bewahrung des Glaubens hat, auch auf die Weitergabe (Tradition) in einem jeweils anderen geistig-kulturellen Umfeld und widerspricht ihrem Auftrag. Hätten sich die Apostel auf dem sog. Apostelkonzil im Jahre 48 (Apg 15) einseitig für die Beschneidungspflicht der „Heidenchristen" ausgesprochen zugunsten der „Gesetzestreuen", hätten sie nicht um einen Konsens gerungen, wären sie nicht kompromissbereit gewesen, z.B. auf das Bestehenbleiben einiger jüdischer Speisegesetze, der Brückenschlag in die griechisch-römische Welt wäre gescheitert. Einen analogen Zusammenhang kann man auch herstellen, wenn man sich mit der Verwiesenheit von Adressierung und Inhalt der vier Evangelien befasst. Wird Form und Inhalt traditionalistisch vermengt und verengt, findet keine Rezeption statt: der „Same" des Evangeliums vertrocknet. Dieser für das Evangelium und die Kirche tödliche Vorgang ereignet sich gerade vermutlich nicht nur in Deutschland. „Austritte aus der katholischen Kirche erreichen Rekordniveau" (FAZ, 27.06.2022), „Deutsche Katholiken fühlen sich von Rom missverstanden" (FAZ, 22.07.2022), „Traumtanz mit Stilnoten" (25.07.2022), „Verflüssigte Transzendenz" (FAZ, 04.07.2022), „Der Glaube hat seine Relevanz verloren" (FAZ, 03.07.2022), „Scheinheilige Kirche" (FAZ, 25.07.2022). Die beliebig weiterzuführende Liste an Krisensymptombeschreibungen zeigt eines: Die

Kirche hat nicht nur ein fundamentales Problem mit ihrer Botschaft, sondern vor allem ein enormes Akzeptanzproblem infolge einer unpassenden, fehlerhaften Kommunikation nach innen und außen. Nicht nur Menschen, die der Glaubenslehre entfremdet scheinen treten aus, sondern es wenden sich auch bisher „treue" Kirchenverteidiger – abgestoßen von einer ihnen zu liberal erscheinenden Reformdebatte – ab. Dieser erdrutschartige Mitglieder - Exodus ist begleitet von einer bisher in Deutschland nicht relevant zu beobachtenden Verachtung gegenüber den Vertretern der Institution Kirche.[116] Damit verliert die Kirche auch die nachfolgenden Generationen: „Früher wuchsen die Mitglieder der Kirche einfach nach. Heute sterben sie aus."[117] Das „Ticken vieler Katholiken" ähnelt eher einer ablaufenden und endenden Lebensuhr. Veränderung signalisiert einen Sterbeprozess, den Verlust an Identität, Zugehörigkeit und letztlich auch

Sinnhaftigkeit der eigenen Existenz, das Bedürfnis nach Neuorientierung – jetzt außerhalb des religiös-kulturellen Stroms, der in den Erinnerungstiefen der Vergangenheit versickert. Wenn die „Hauptverkehrswege", z.B. die Autobahnen oder Bahnmagistralen aufgrund falscher Lage-einschätzung blockiert sind, weichen die Verkehrsteilnehmer auf die Nebenstrecken aus. Die Unfallgefahr wächst. Jeder Verantwortliche, der diese Entwicklung beobachtet, muss eigentlich zur Erkenntnis gelangen, dass die bisherigen hierarchischen Dialogformen, überwiegend von oben (Sender) nach unten (Empfänger) gedacht, nicht funktionieren[118] , noch nie funktionierten und nie wirksam sein werden, wenn diese Weitergabe auf eine vernünftige, personale Akzeptanz abzielt. Kommunikation nach dem Beispiel „Hörsaal oder Kanzel", „Parteien, Armeen" entspricht nicht den Standards unserer Zeit. Völlig offene Dialoge ohne vorgegebene Empfänger, wie sie in Massenmedien begegneten oder sich ohne Qualitätsanspruch in manchen sozialen Netzwerken gerüchte,- influencer-mäßig verbreiten, werden dem Anspruch des Gotteswortes nicht gerecht. Das „Wort Gottes" ist weder instruktiv von oben nach unten in Sätzen verpackte Wahrheit, die konservenmäßig über die Zeit gerettet wird, noch ist sie eine von „Runden Tischen", Werbefachleuten, Influencern konstruierte soziale Tatsache „von unten".

Kurz: Wandel und Verwandlung (Normen- und Kommunikationswandel) ist eigentlich ein konstitutiver Bestandteil der Katholizität: Nichts geht in diesem geistgeleiteten Prozess verloren. Das Beharren auf gottes- und menschenferne Formen führt in die Erstarrung und Spaltung.

Wie tickt man also dann katholisch, reform- und traditionsbereit? Nach welchen Leitprinzipien könnte die Kirche navigieren?

Das Auge der Tradition blickt auf den Gesamtlebensvorgang der Kirche, einen Prozess, in dem die endgültige Selbsterschließung Gottes in Jesus Christus von Gott aus objektiv ihr Ende gefunden hat. Die Betonung liegt auf dem Gesamtlebensvorgang, der sich nicht auf den Klerus reduziert: „Was aber von den Aposteln überliefert wurde, das umfasst alles, was zu einer heiligen Lebensführung des Volkes Gottes und zur Mehrung des Glaubens beiträgt; und so setzt die Kirche in ihrer Lehre, in ihrem Leben und ihrem Kult fort und übermittelt allen Geschlechtern alles, was sie selbst ist, was sie selber glaubt."[119] Kann sie unter der gegebenen Form diese Weitergabe noch leisten?

Das „Auge" der Reform blickt subjektiv auf einen Gesamtlebensprozess, der von den Aposteln stammt und sich unter dem Beistand des Heiligen Geistes weiterentwickelt.[120] Reform ist kein „Selbstläufer", entspringt nicht der theologischen Debatte einer abgehobenen Theologenclique, sondern bedarf des „Nachsinnens" und „Studiums der Gläubigen" und soll sich in der apostolischen Verkündigung der Bischöfe, Priester, Diakone widerspiegeln. Findet dieses „Nachsinnen", das „Studium der Gläubigen" konkret noch statt? Ist die Verkündigung des Lehramts noch apostolisch ohne diese Zuordnung zum Volk Gottes, das sich unter den Beistand des Heiligen Geistes stellen soll? Hindert nicht der „Personalmangel" an getauften und zur „Mission" bestellten Frauen und Männer, z.B. im Bereich der Jugendarbeit, diesen lebensbegleitenden Prozess? Müssen nicht darauf alle institutionell verfügbaren Mittel und Ressourcen verwandt werden? - Die Zeit für rhetorische Fragen ist vorbei. Eine Betaphase kann es nicht geben.

Dass es zu einem erweiterten Verständnis der Selbstoffenbarung Gottes (de fide) gekommen ist, beweist die Geschichte der ökumenischen Konzilien.

Offenbarung ist ein geschichtsbegleitender Vorgang. Dass es zu einer Neubewertung ethischer (de moribus) Grundsätze gekommen ist, zeigt z.B. im Blick auf Zinsnahme, Todesstrafe, Beurteilung der Heiligen Schrift, Sklaverei, die Wertschätzung der Ehe (Vertrag oder Bund) etc. das kirchliche Lehramt (s.o.). Im Blick auf den Stellenwert der Ausübung der Sexualität für die gewählte Lebensform hat sich in weiten Teilen des Volkes Gottes ein Wandel vollzogen, dessen Passung zur Offenbarung zumindest in den Kirchen Europas allein noch von den im (manchmal leider nur formal) Zölibat lebenden Klerikern in Frage gestellt wird. In vielen orthodoxen Kirchen stellt sich diese Frage nicht, auch nicht bei den Mitgliedern der Ordensgemeinschaften, bei denen Lebensform und Auftrag übereinstimmen. Es geht um die Passung von Geschichte und Heil und dabei um das Ernstnehmen der Geschichtlichkeit, des Wandels.

4.2 Vorwegnahme: Eine weise Re-Form

Die Tradition, die Übergabe des Glaubens an die nächsten Generationen kann nur in einem Lebensvorgang geschehen. Ihr Ziel ist nicht in erster Linie „die Reinerhaltung", die Konservierung des Glaubens, sondern die Annahme, die Rezeption: Gabe und Übergabe. Sie geschieht durch Interpretation der in Jesus Christus, also von Gott aus, zum Höhepunkt gelangten Selbsterschließung Gottes.

Bernhard von Clairvaux formuliert beispielhaft für die aktuelle Erneuerungsbereitschaft einen weisheitlichen Ansatz, der die Tradition, die Vergangenheit mit der Zukunft versöhnt, wenn er in Anlehnung an Psalm 34,8 in einer seiner Predigten formuliert:

„Und wenn er [der Engel] sich dort niederlässt, wird ein sinnenhaftes Gefühl entstehen, weil zwei Sichtweisen die Kirche auf ihrer zeitlichen und örtlichen Pilgerschaft trösten werden; jedenfalls im Blick auf die Vergangenheit

die Erinnerung an das Leiden Christi; im Blick auf die Zukunft aber, die gedankliche Ausrichtung auf das Geschick der Heiligen und das Vertrauen darauf es selbst zu empfangen. Diese zweifache Haltung wird die Kirche, als ob sie nach vorne und zurück schauen könnte, in unstillbarer Sehnsucht [nach Gott] beschützen."

Genau das ist die Erwartungshaltung, die „Qualität" (Hans-Urs von Baltasar), die aus weisheitlichem Blick eine Entfaltung der Katholizität ermöglicht:

1. Das Gedächtnis der Passion (Eucharistie / memoria passionis) als Blick in die Vergangenheit.

2. Das Bedenken (cogitare) der Lebensschicksale der Heiligen (Glaubenssinn/sensus fidelium) als gegenwärtige Aufgabe im Sinn eines Glaubwürdigkeitsverfahrens.

3. Das Vertrauen der Gemeinschaft der Kirche an diesem Schicksal einmal teilhaben zu werden (Erwartung/Eschatologie) als vorweggenommene, aber zu empfangende, „rezipierende" Zukunft.

4. Die Haltung einer unstillbaren Sehnsucht nach Gott der Kirche und jedes Einzelnen (Glaubensbekenntnis als gesamtkirchliches Bekenntnis, Lebenszeugnis, Gewissen des Einzelnen).

5. Eine Kirche, die in der Zeit und im Ort sich nicht nur trösten lässt, wie es der aus der „Betrachtung" (contemplatio) stammende Text formuliert, sondern eine Gemeinschaft ist, die aktiv tröstet und in der der „Schutzengel" (Ps 34,8) wirkt; eine Kirche, die mit dem einen Auge in die Vergangenheit zurück- und mit dem anderen in die Zukunft vorausblickt, weil man mit beiden Augen eben besser sieht.

Bernhard von Clairvaux (1090 – 1153) – ein bedeutendes Einzelzeugnis in einer schon längst, luzide erhobenen Tradition[121] - beschreibt einen Lebensvorgang (Erinnern, Bedenken, Vertrauen, Sehnsucht, Bekennen, Trösten), der den Sinnen – modern: der Empathie – zugewandt ist und der sowohl der Re-flexion (retro) als auch der Proflexion (ante) verpflichtet ist. So wirkt die Botschaft Gottes, weil sie angenommen, „rezipiert" werden kann. Der Zisterzienserabt - will seinen Mönchen einen „Weg zur Erlangung des Heils (…) weisen, in einer Zeit, die von einer zunehmenden Zentralisierung päpstlichen Lehranspruchs geprägt ist. Der Mensch darf trotz seines „verunstalteten Wesens auf Heilung hoffen (…), da Gott nichts von dem verabscheut, was er geschaffen hat (vgl. Weish 11,24)."[122] Damit formuliert er ein seit dem Apostelkonzil in der Geschichte der Kirche immer wieder dokumentiertes Gespür für den Glauben, den **sensus** fidelium, den Glaubenssinn der Gläubigen. Die Sensibilisierung für dieses Gespür in der Gesamtkirche wie auch in jedem einzelnen, getauften Glied der Kirche, kann auch heute helfen, die Spaltung zwischen Traditions- und Zukunftszugewandtheit, bischöflichem Lehramt, wissenschaftlicher Theologie und dem Gewissen des Einzelnen zu vermindern.

Wie weitsichtig sind die Gedanken des Zisterzienserabtes! Gewissen, Geschichte, Wandel der Umstände und Gedächtnis des „Heils" sind aneinander gebunden. Eine Kirche, die die Diversität der verschiedenen – letztlich an der Heiligen Schrift auszurichtenden – Bezüge nicht achtet, verkommt zu einer, auf sich selbst konzentrierten, in sich selbst verkrümmten Sondergesellschaft. Aha!! Deshalb müssen Konsequenzen gezogen werden, von allen, denn auch hier gilt: „Was alle in gleicher Weise berührt, soll von allen Zustimmung finden." – ein römisches Prinzip (Corpus Iustinianum), das – wie Yves Congar[123] nachweist – vor allem von Papst Innozenz III (1198-1216) und Bonifaz VIII (1294-1303), einer Demokratisierung der mittelalterlichen Kirche völlig unverdächtigen Zeugen, betont wird.

5. Die „Bezeugungsinstanzen" (loci) des Glaubens

5.1 Zeitbeschreibung – Wandel

Hinter den katholischen Qualitäten, die aus der sermo 62 des Zisterzienserabtes Bernhard sprechen (Gedächtnis des Heils, Bedenken, Vertrauen, Bekenntnis, Erwartung der Aufnahme) verbirgt sich ein weiser Lebensprozess der in den unterschiedlichen sozialen und kulturellen Zeiten, in denen sich das Christentum inkulturiert hat und diese Zeitformen im Westen dominierte (Hellenismus, römisches Rechtsdenken, germanisches Gefolgschaftsdenken, etc.) mit unterschiedlichen Begriffen hervortrat. Ein kurzer – oberflächlicher und unvollständiger - Seitenblick auf einzelne Krisensituationen, die immer auch Zeiten des Wandels und der Erneuerung waren, ist hilfreich für die Einschätzung der Gegenwart. Diese Situationen waren der Anlass, neu über die Aufgaben der Kirche nachzudenken. Sie weckten Kreativität, führten aber auch zu Unwegen (Aporien). Einzelne Aspekte genügen.

Der Übergang vom 15. zum 16. Jahrhundert war eine Zeit des Aufbruchs (Gutenberg: Buchdruck; Leonardo da Vinci: neue Erfindungen), der Suche nach neuen Welten (Kolumbus, Vasca da Gama). Fernao de Magalhaes schaffte 1521 die erste Erdumseglung und erlebte, was der Kaufmann Martin Behaim aus Nürnberg schon 1492 baute: den „Globus" – die Welt als Kugel. Der Astronom revolutionierte für einen großen Teil der damaligen Bevölkerung das Weltbild: Die Sonne und nicht mehr die Erde ist das Bezugssystem des Universums. Auf das ausgehende Mittelalter mit seinen Angsterfahrungen (Klimakatastrophe, Hunger, Pest, Seuchen, Kindersterblichkeit, Kriege) folgte aber auch eine Zeit mit einer in diesem Maß vielleicht noch nie dagewesenen Mischung aus Neugier und

Unsicherheit, ein Umbruch: Neue Erfahrungen stellten für die christliche Welt eine fundamentale Anfrage dar: Droht nicht sogar der Untergang der Christenheit, wenn die Türken mit einem riesigen Heer Wien belagern (1529)? Bedeutete der Wunsch der Waldenser und Franziskaner einer armen Kirche nicht eine letzte Warnung vor dem Ende, weil dadurch die Autorität des Papsttums in Frage gestellt wurde? Konnte man nach der Verbrennung von Jan Hus in Konstanz noch Kritik am Papst (1415) üben? Durfte man nach innerkirchlich unentschieden gebliebenen Fragestellungen, zu beobachtender Korruption (Ämterkauf, Versorgung der eigenen Angehörigen mit kirchlichen Positionen) wirklich davon ausgehen, dass eine Kirche, deren Repräsentanten weltliche Fürsten und Bischöfe in Personalunion waren, eine Wende zum Besseren anstrebte? Ein Blick auf das angstvolle Gesicht des Petrus in Michelangelos apokalyptischem Gerichts-

Fresko (1536-1541) in der Sixtinischen Kapelle lässt bis heute die Zweifel des Malers im Umkreis einer „Spiritualenbewegung" erahnen. Die Reformation Martin Luthers hatte die Kirche als „Gehorsamskrise" (Obödienzkrise) (Max Seckler) getroffen im „Streit um das Verhältnis von theologischem und päpstlichem Lehramt und um den Primat von Argument oder Autorität im Leben der Kirche."[124] Der „Sacco di Roma", die wochenlange Verwüstung und Plünderung Roms durch deutsche, spanische und italienische Söldner im Dienst Karls V. 1527, zwang Papst Clemens VII., sich in der „Engelsburg" einzubunkern. War nicht der Norden des Kontinents Quelle allen Übels?

Mit der Relativierung der Position der Erde im Universum drohte auch die Autorität der römischen Kirche irrelevant zu werden. Damit war auch die bisher schon nur noch disziplinarisch (Inquisition gegen Mauren, Juden und Ketzer) zu wahrende kollektive Erinnerungsfähigkeit in Frage gestellt. Das Konzil von Trient (1545-1563), dem 1517 – im Jahr der Reformation ein in Blick auf die Kirchen- und Kurienreform erfolgloses 5. Konzil im Lateran vorausgegangen war, konnte die eingetretene Verhärtung der Konfessionen nicht mehr auflösen. Obwohl es – wie Max Seckler ausführt – angesichts der „Erfahrungen von Konstanz und Basel …'von Anfang an als Bischofskonzil konzipiert' war, übten aber „Konzilstheologien" personell und sachlich einen relativ großen Einfluss auf die verabschiedeten Texte aus.[125] Und Texte – wenn sich auch nicht zu jeder Zeit gelesen werden – wirken auch in Umbruchszeiten. Hinter diesen Texten stehen Personen, Theologen, auch Päpste, die Verengungen, „Neurosen" bewusst machen und der Kirche Wege für die Zukunft eröffnen, indem Sie mit dem Blick auf die Tradition, Prinzipien der theologischen Erkenntnis fortschreiben.

Hoffnung und Angst (heute), z.B.	
• Neue Erfindungen: Chemie, Informatik, Biowissenschaften, Genetik, Physik, Künstliche Intelligenz am/im Menschen	• Pandemien, „Kränkungen des Menschseins": Der Mensch als Cyborg (Cybernetic organism), neue Methoden der Kriegsführung
• Neue Welten: Mobilität, Raumfahrt, Nanobereich, Ernährung	• Migrationskrisen, Armut, Ökologische Gefährdung, Ungleiche Bevölkerungs-entwicklung, politische Instabilität
• Neue Energieformen: Kernfusion, Nutzung der Solarenergie, Gezeitenkraftwerke, Windenergie	• Unbekannte Nebenwirkungen, fehlende belastbare Szenarien und Nachhaltigkeit

Ü 11

5.2 Ein weitreichender Ansatz zur Formulierung der Prinzipien theologischer Erkenntnis: Melchior Cano (1509-1560)[126]

Der Dominikaner Melchior Cano, in seiner Lebensgeschichte selbst von Brüchen nicht verschont, legt in seinem Werk „De locis theologicis" (1543-1550) in antireformatorischer Absicht im Anschluss an die aristotelische Wissenschaftstheorie zehn „loci"

(„Bezeugungsinstanzen") des Glaubens fest. Sieben davon sind spezifisch für die Theologie: (1) die Heilige Schrift, (2) die mündliche Überlieferungen Christi und der Apostel, (3) die katholische Kirche, (4) die Konzilien, (5) die Römische Kirche, (6) die Kirchenväter und (7) die Theologen. Die menschliche Vernunft (8), Philosophen (9) und die Geschichte (10) zählen zu den „loci alieni" (fremden, nicht theologietypischen Orten).[127] Die Hl. Schrift und die mündlichen apostolischen Traditionen zählen zu den „principia propria" (erstrangigen Prinzipien), während die restlichen Interpretationen der principia propria oder Schlussfolgerungen aus ihnen darstellen.[128] Cano knüpft mit dieser Darstellung an die Normen und Kriterien der Tradition aus der alten Kirchen an, erweitert das ihm selbstverständliche scholastische Lehrmodell unter dem Einfluss des Humanismus durch den stärkeren Einbezug geschichtlicher Quellen.[129]

5.3 Reduzierung auf den Papst: „La tradizione sono io" (Pius IX).

Während sich bis in die Mitte des 18. Jahrhunderts der Einfluss Canos und Kardinal Bellarminos hält, die der Gesamtkirche, der „ecclesia in credendo" einen eigenen „sensus fidelium" zusprechen, verengt sich im 19. und in der ersten Hälfte des 20. Jahrhunderts die Vielfalt der Bezeugungsinstanzen auf das Delegationsmodell, das ausgehend von der absoluten Stellung des magisteriums der Theologie „jeden Titel der Eigenständigkeit abspricht" und ihr keine „originäre Ursprünglichkeit in ihrer Sendung und Funktion zubilligt."[130] Die Glaubenden sollen sich „im schlichten und fraglosen Gehorsam gegenüber dem Magisterium" – der „lehrenden und aktiven Kirche" als „lernende und passive Kirche" verhalten, so Theologen der Römischen Schule.[131] Max Seckler nennt dieses Modell, das die verschiedenen

Bezeugungsinstanzen letztlich auf den römischen Bischof reduziert, totalitär, führt den Begriff der „Bewusstseinsstörung" (Oskar Köhler) an oder zitiert Yves Congar, der in diesem Zusammenhang von „exzessiven und irrealen Prätentionen des kirchlichen Lehramts spricht"[132], die überwunden werden müssten. Neurose ist das griechische Wort für „Verengung".

Mit Pius IX. wurde 1846 der Papst gewählt, der wie kein zweiter für die Eliminierung von Bezeugungsinstanzen außerhalb des magisteriums steht. Ein Beispiel: Filippo Maria Kardinal Guidi wurde – so Hubert Wolf[133] - nach einer Diskussion über das Unfehlbarkeitsdogma, bei der er darauf hinwies, dass der Papst prinzipiellerweise nicht allein Glaubenssätze definieren könne und dass die heilige Tradition die Rückbindung des Papstes an das Zeugnis der Gesamtkirche verlange, am 18. Juni 1870 von dem erregten Pontifex bei einer Privataudienz zur Rede gestellt. Als der Kardinal der Position des Papstes mit Hinweis auf die Lehre des Vinzenz von Lérin, des heiligen Thomas, Kardinal Bellarminos und damit auch Melchior Canos widerspricht und trotz der Ereiferung des Summus Pontifex dabei bleibt, dass für unfehlbare Dekrete die Traditionen der Kirche zu befragen seien, soll ihm der Papst – wie Klaus Schatz (vor allem in Hinblick auf den ersten Teil des Diktums nachgewiesen hat)[134] – in Erregung folgendes entgegengehalten haben: „Doch, es ist ein Irrtum, denn ich, ich bin die Tradition, ich bin die Kirche!" („Io sono la tradizione, io, io sono la Chiesa!")

An welche „Überlieferung" ist dabei gedacht? An die Tradition des „Apostelkonzils", die Bestimmung des Vinzenz von Lerin, die Einschätzungen Innozenz III. oder Bonifaz VIII, die Differenzierungen des Thomas von Aquin, Melchior Canos und Roberto Bellarminos?

Oder spiegelt sich hier gerade der Verlust der Tradition in der Folge des Untergangs der alten Selbstverständlichkeit nach den strukturzerstörenden Folgen der französischen Revolution, z.B. auf die theologischen Fakultäten[135], wider. Der Rückzug französischer Truppen aus Rom – im Sommer 1870 während einer Sitzungspause des 1. Vatikanischen Konzils – besiegelte das Ende des Kirchenstaates, der mindestens seit 1867 unter dem Druck Garibaldis und der italienischen Einigungsbewegung stand. Was sollte aus Giovanni Maria Mastai Ferreti, Papst Pius IX. werden, den der nun drohende völlig Verlust der traditionellen Stellung der Kirche seit seiner Kindheit biographisch begleitete?[136] Ist so verständlich, warum er im Präsens – nur noch in Bezug auf seine eigene Person – von der „Tradition" spricht, sie damit in persona auflöst? Aber wenn es so wäre, hätten dann nicht „loci alieni" (Cano) den „loci proprii" (Schrift, mdl. apostolische Traditionen) den Rang abgelaufen?

Ein Bewusstsein dafür war im Blick auf die Schwierigkeit, das Dogma von der „Immaculata Conceptio" (1854) aus Schrift und Tradition zu erheben, vorhanden. Auch die auf dem Vaticanum I geführte Diskussion und letztlich von einer Mehrheit des Konzils getroffene Entscheidung[137] um die „Unfehlbarkeit des Papstes" „aus sich heraus [ex sese], nicht aber aus dem Konsens der Bischöfe [non autem ex consensu episcoporum] zeigt diese Unterordnung von Schrift und Tradition unter das päpstliche Magisterium an. „Ein Dogma der Unfehlbarkeit"– so Hubert Wolf – „gab es weder in der Heiligen Schrift noch in der Tradition der Kirche. Diese Bedingungen hatte das Konzil von Trient im 16. Jahrhundert aber als unverzichtbar für eine Dogmatisierung verlangt. Den Bruch mit der kirchlichen Tradition nahm Pius IX. gerne in Kauf. Sein Ausspruch ‚Die Tradition bin ich' dürfte für sich sprechen. Und zur Unfehlbarkeit selbst sagte er:

‚Früher, ehe ich Papst war, glaubte ich an die Unfehlbarkeit, jetzt aber fühle ich sie.'"[138] Gefühl vor Glaube, vor der Tradition? Protestantische Subjektivität im Zentrum der katholischen Weltkirche?

Vielleicht sind der Rücktritt eines Papstes, Benedikt XVI.[139] und die Neubesinnung auf die Schrift, die Person Jesu und seiner Zeichenhandlungen, im Pontifikat Franziskus, die „Orte", „Wendepunkte" einer erneuerten katholischen Kirche: geschichtliches, fehlbares Symbol der Gegenwart Gottes in der Vielfalt der Söhne und Töchter. Mit beiden Augen könnte man auch diesen kirchengeschichtlichen Seitenweg einer Aufhebung der Tradition im Einzelnen in einem größeren Bild des pilgernden, demütigen Gottesvolkes (Bernhard von Clairvaux) sehen. Eine pilgernde Kirche hat ein Ziel vor Augen.

5.4 Öffnung und Weitung: das Vaticanum II (1962-1965)

Wandlungen in der Kommunikationsstruktur der Kirche bleiben manchmal für Außenstehende unsichtbar, wirken im „Verborgenen", sind „kryptisch". Setzte das Lehramt der Kirche nach dem Frontalangriff auf die Kirche infolge der Französischen Revolution, den Enteignungswellen der Säkularisation und des Nationalstaatsstrebens in Italien und Deutschland auf die Wiederherstellung eines alten Zustandes (Restauration) und verurteilte z.B. mit der Enzyklika „Mirari vos" (1832) unter Papst Gregor XVI. pauschal alle Entwicklungen der Neuzeit und alles, was mit „Moderne und Liberalismus in Verbindung stand" als „böswillige Verschwörung der Gottlosen"[140], so verhinderte dieses Denken in Ausschließlichkeit und Letztgültigkeiten nach Innen weitgehend die Entwicklung einer Kultur des gegenseitigen Zuhörens und nach Außen die

Entfaltung der Wirksamkeit (Rezeption) der katholischen Glaubenswahrheiten. Das verständliche, aber einsinnige und nicht analoge Beharren auf die Identität gegenüber einer als feindselig erachteten Umwelt führte in die Selbstisolation und in Deutschland in den Kulturkampf. Angesichts der geschichtlichen Entwicklungen glaubte man auf eine Kirche setzen zu müssen, die dem geschichtlichen Wandel enthoben ist. Alles, was „Wandel", „Veränderung" anzeigte, wurde noch 1907 in der Enzyklika Pascendi als modernistisch und häretisch verurteilt.[141] Und dieses Urteil erstreckte sich auch auf die Kirchenglieder selbst.[142]

Trotz dieser Überformung durch die lehramtliche Hauptlinie werden im 19. Jahrhundert Veränderungen in der Einschätzung des Gesamtbildes der Kirche sichtbar, bei einzelnen Theologen der Römischen Schule (Giovanni Perrone, Carlo Passaglia, Clemens Schrader). John Henry

Newman forderte in seiner Schrift „On consulting the faithful in matters of faith" von 1859, die Befragung der Gläubigen auch in praktischen Dingen. Die Gläubigen selbst können - seiner Meinung nach - Zeugen für die Tatsache der Überlieferung geoffenbarter Wahrheiten sein.[143] Johann Adam Möhler, der die Kirche im Geist der Romantik als organisches Gebilde ansieht, weist dem Glaubenszeugnis der Laien in seinem Frühwerk „Die Einheit in der Kirche" eine traditionsbezeugende, aktive Bedeutung zu[144], während er in seiner später verfassten „Symbolik" dem kirchlichen Lehramt die Aufgabe zuweist, den Glaubenssinn zu erziehen. Er unterscheidet außerdem eine objektive, in „äußerlichen historischen Zeugnissen vorliegende" Tradition durch alle Jahrhunderte hindurch und eine subjektive Tradition, unter der er ein Gesamtverständnis, eine Art „kirchlichen Bewusstseins" versteht, abgeleitet aus dem Bild der

Kirche als „Leib Christi".[145] Matthias Joseph Scheeben spricht in seiner „Dogmatik" von einer organischen Verbindung des „Lehrkörpers" und des „Glaubenskörpers", die nicht von einander geschieden werden dürfen, sondern erst zusammen die kirchliche Gemeinschaft bilden. Beide werden vom gleichen Heiligen Geist geleitet und belebt.[146] Im Denken dieser Theologen, vor allem im Denken des Heiligen John Henry Newman, wird deutlich, dass das Lehramt zwar die „nächste Glaubensregel" (regula fidei proxima) (DH 3886), aber nicht die einzige Instanz ist, die den Glauben bezeugt. Hier geschah Klärung durch Differenzierung.

Diese Erhellung fehlt fast 350 Jahre nach William Harveys (1578-1657) Entdeckung des Blutkreislaufes[147] immer noch im inneren Leben der Kirche. Das „Herz" bleibt zwar auch in Harveys Darstellung das zentrale Organ. Aber was macht ein „Herz" ohne seine „Glieder"? Das ist die einzige

Angst, die heute Vertretern des Lehramts übrigbleiben sollte. Vieles, was kryptisch „schon immer, überall, von allen" wahrgenommen wurde, wird nun erst in der Folge des 2. Vatikanischen Konzils (1962-1965) Gegenstand lehramtlicher Formulierungen: bleibende Verpflichtung und Grundlage jeglicher Neubesinnung.

Mit erstaunlich offenen Worten wendet sich Papst Johannes XXXIII. an die innerkirchlichen Gegner seines Programms der „Verheutigung" (it. aggiornamento) des Glaubens:

„In der täglichen Ausübung Unseres apostolischen Hirtenamtes geschieht es oft, daß bisweilen Stimmen solcher Personen unser Ohr betrüben, die zwar von religiösem Eifer brennen, aber nicht genügend Sinn für die rechte Beurteilung der Dinge noch ein kluges Urteil walten lassen. Sie meinen nämlich, in den heutigen Verhältnissen der menschlichen Gesellschaft nur Untergang und Unheil zu erkennen. Sie reden unablässig davon, daß unsere Zeit

im Vergleich zur Vergangenheit dauernd zum Schlechteren abgeglitten sei. Sie benehmen sich so, als hätten sie nichts aus der Geschichte gelernt, die eine Lehrmeisterin des Lebens ist, und als sei in den Zeiten früherer Konzilien, was die christliche Lehre, die Sitten und die Freiheit der Kirche betrifft, alles sauber und recht, zugegangen."[148]

Keinem Pessimismus verfallen, die Gegenwart und Zukunft nicht als Zustand einer zum Schlechten abgleitenden Zeit zu betrachten, Geschichte als „Lehrmeisterin" des Lebens, keine Verklärung oder religiöse Verbrämung der christlichen Lehre, der Sitten und der Freiheit der Kirche!

Und ein wenig später sagt der gleiche Papst: *„Die Hauptaufgabe des Konzils liegt darin, das heilige Überlieferungsgut (depositum) der christlichen Lehre mit wirksameren Methoden zu bewahren und zu erklären. Diese Lehre umfaßt den ganzen Menschen, der aus Leib und Geist besteht, und sie heißt uns, die wir diese Erde* *bewohnen, als Pilger unserem himmlischen Vater entgegenzugehen."*

Das Überlieferungsgut (traditio – depositum) auf den methodischen Überlieferungsvorgang hin überprüfen und es erklären, natürlich argumentativ. Eine neue Sicht auf den ganzen – „katholischen" – Menschen zu werfen und dem „himmlischen Vater entgegenzugehen". Die Zukunft ist im Blick, nicht die Restauration. Das „Volk Gottes", das sich auf der Pilgerschaft befindet. Die Einrichtungen (Institutionen), „die Veränderungen unterworfen sind, den Notwendigkeiten unserer Zeit besser anzupassen, was immer zur Einheit aller an Christus Glaubenden beitragen kann, zu fördern..."[149]

Der schwierigen historischen Interpretation der Konzilstexte kann hier nicht nachgegangen werden. Auch kann nur oberflächlich der theologische Charakter einzelner Bezeugungsinstanzen und ihr Zusammenhang aufgewiesen werden. Vielmehr ist es meine Überzeugung, dass die theologische Erkenntnislehre und darin das Wissen um die Bezeugungsinstanzen des katholischen Glaubens – abseits einer theologischen Elite – unbekannt sind. Wären diese bekannt und in ihrer Stellung im Gesamt des Glaubens von allen richtig einzuschätzen (vgl. Eröffnungspredigt Johannes XXIII.), dann ließen sich notwendig auftauchende Konflikte anhand von Orientierungsmarken leichter lösen oder schlichten, indem man auf einen zukünftigen Erkenntnisgewinn vertraute. Reformen würden im katholischen Gesamtinteresse rechtzeitig angegangen werden. Theologische Einbahnstraßen würden schneller erkannt oder vermieden werden (Sachebene).

Wer im Spiel die Regeln nicht kennt, kann auch die Reaktion der Mitspieler nicht zutreffend einschätzen und gerät selbst in Gefahr – abseits aller Regeln – in Gegnerschaft zu den Spielern zu geraten und somit das Wesen des Spiels, freie Selbstmitteilung, zu verkennen (Beziehungsebene). Die Anerkennung der Sozialerfahrung steht zur Disposition, wenn die Regelhaftigkeit und Nachvollziehbarkeit von Entscheidungen verloren geht. Damit schwindet die Bindungskraft von Lebenswelten, das „Milieu" geht verloren, weil Lebenswelt eine gemeinsame – im Fall der Religion positive – Erfahrung voraussetzt. An einer gemeinsamen Erfahrung wiederum hängt die Erinnerungsfähigkeit, die wiederum neue Gemeinsamkeit und Gemeinschaft schaffen kann. Fehlt diese „Erinnerungstruktur" im Laufe einer individuellen Biographie, z.B. wegen einer abgebrochenen religiösen Sozialisation (z.B. dem Verschwinden der Gläubigen nach der Firmung), so erlöscht die Verbindung zu den Menschen, die ihn oder sie in früherer Zeit umgaben.[150]

Wenn auch kirchliche Sozialisation nur „im Rahmen einer dialektischen Interaktion der Generationen gelingt", - wie Siegfried Wiedenhofer[151] mit Ausrichtung auf Peter L. Berger[152] bemerkt -, so müsste die Rolle der Eltern von den Kirchen in einer graduell vertieften Weise in den Blick genommen werden: Warum hier nicht aus der jahrhundertealten jüdischen Erfahrung des familiären Lebens in der Diaspora und seiner Anbindung an eine konkrete Synagoge lernen? Und wenn zwischen der sozialen, religiösen Erfahrung im Elternhaus und der symbolischen Erfahrungswelt eine hoher Grad an Entsprechung besteht[153], dann muss die Konzentration von Pastoral und Katechese sich auf rituelle Lebensformen der Begegnung (z.B. Segensformen) richten; der Ausgestaltung des rituellen Raums (Kirchengebäude) und der Darstellung des „Heiligen" (Kunst, Ästhetik) kommt in einer vordergründig agnostischen Welt besonderes Augenmerk zu: „Wo Gott überall ist, ist er nirgends. Wo er aber nur in einem abgegrenzten Raum ist, ist er nicht überall."[154] Die Grenzen zwischen „Außen und

Innen", „Heiligem" und „Profanem" können (wieder) deutlich gemacht werden, damit die sakramentale Struktur der Kirche hervortreten kann. Nicht im Sinn einer Abschottung, Abschließung, sondern einer beidseitigen Durchgängigkeit (Permeabilität). Auch in der Biochemie ergänzt sich die Funktion der Membrane mit den anderen Prozessen des Zellstoffwechsels (Metabolismus).[155] Beispielhaft kann dies in einer besonders ansprechenden liturgischen Feier für Kinder und Jugendliche geschehen. Dabei gilt aber: Die Eltern, die sich oft noch im Rückraum der Kirche befinden, wären die erstrangigen Vertreter dieser sozialen, ästhetischen, sakramentalen Struktur. Ohne ihre Vermittlung, z.B. durch die Hinführung an Kunst, Musik, Architektur, ist keine nachhaltige Sozialisation und Individuation zu erwarten.

Kennt man die generationsübergreifenden Bedürfnisse, z.B. nach Anerkennung in der Familie nicht, so wird man keinen Zugang zu den „Spielregeln" einer Religionsgemeinschaft finden. Die „theologischen Orte" bleiben verschlossen. Gemeinsame Erfahrungen, die grundlegend sind für eine religiöse Traditionsbildung, werden blockiert. Auch in dieser Hinsicht sollte man fragen, ob die bisherige Ausschließlichkeit der zölibatären Lebensform in Zeiten von gemeindlichen Superstrukturen religiöse Traditionsbildung noch fördern kann.

Verliert man den Kontakt zu den unterschiedlichen Generationen entwickeln auch niederschwellige Angebote keine Attraktivität und die Kirche entleert sich als bloßer „Wertelieferant" ohne tatsächlich vorhandene Nachfrage. Deshalb sollte überlegt werden, wie Grenzen gezogen werden können (örtlich, sozial, zeitlich), die den Zugang zum „Heiligen" erleichtern, attraktiv werden lassen. Was wie ein Paradox erscheint, könnte in einer segmentierten (aufgeteilten), oft von persönlichen Brüchen, seelischen Verletzungen gezeichneten Mitwelt zu einem einladenden Orientierungszeichen werden, ein „Handlauf" auf dem Weg. Es gibt auf diesem Weg un-(ver)käufliche Werte, die man sich nur schenken lassen kann. Sie sind sehr selten geworden.

Es gibt einen unverfügbaren, freien Gott, der sich selbst schenkt. Aber ich muss ihn suchen, wie Gilgamesch sich auf die Suche nach dem Kraut des ewigen Lebens machte, als er seinen Freund Enkidu verlor. Gibt es Räume, die freies Suchen ermöglichen? Das Wissen um die Kriterien (Spielregeln) schafft Akzeptanz. Unwissenheit macht aggressiv. Deshalb kann die Bedeutung der theologischen Erkenntnislehre[156] nicht hoch genug eingeschätzt werden. Theologische Entscheidungsträger, die sich dieser Aufgabe verweigern und sie nicht zur Grundlage einer Erneuerung machen, indem Sie davon sprechen und predigen, haben mit sich und der Kirche nichts Gutes im Sinn.

6. Das Hl. Spiel

6.1 Die Heilige Schrift

Sie ist – wie schon bei Melchior Cano – die oberste Erkenntnisquelle für den Glauben, weil sich in ihr – einer Sammlung von 73 nach katholischer Zählung und 66 nach protestantischer Zählung Schriften – Gottes Selbstmitteilung in einem ca. 1000 Jahre langen Prozess – der Kanonbildung – ursprünglich und verbindlich literarisch niedergeschlagen hat: „Nach christlicher Überzeugung hat ein Einwirken Gottes auf das Zustandekommen der Schrift(en) stattgehabt, so dass der von den menschlichen Autoren (Hagiographen) verfasste Text das Einwirken des Heiligen Geistes aufweist. Man spricht von der Inspiration der Heiligen Schrift."[157]

In der sog. Offenbarungskonstitution des 2. Vatikanischen Konzils (Dei verbum) heißt es: „Die Kirche hat die göttlichen Schriften wie auch den Herrenleib selbst immer verehrt, weil sie, vor allem in der heiligen Liturgie, nicht aufhört, vom Tisch sowohl des Wortes Gottes als auch des Leibes Christi das Brot des Lebens zu nehmen und den Gläubigen zu reichen. In ihnen zusammen mit der Heiligen Überlieferung sah sie immer und sieht sie die höchste Richtschnur (suprema regula) ihres Glaubens, weil sie, von Gott inspiriert und ein für allemal schriftlich aufgezeichnet, das Wort Gottes selbst unwandelbar vermitteln und in den Worten der Propheten und der Apostel die Stimme des Heiligen Geistes widerhallen lassen."[158]

Zu beachten ist, dass die Heiligen Schriften (biblia) - eine Ableitung aus dem Koine-Griechischen, die ca. ab dem Jahr 1000 im kirchenlateinischen Gebrauch zu einem Singularwort werden - nicht mit dem Wort

Gottes identisch sind, sondern der schon kirchlich überlieferte und angenommene Ausdruck des Heilswillens Gottes sind. Dieser Ausdruck ist unhintergehbar, gilt für alle Zeiten. Es gibt keine andere Quelle, die uns so eng und zeitlich nahe mit der geschichtlichen Selbstmitteilung Gottes in Jesus Christus verbindet.

Die Bibel ist ein „Buch vor der Kirche", „durch die Kirche" und „für die Kirche", weil sie Teil des „kirchenbegründenden Offenbarungshandelns ist, weil sie aus dem „Christusglauben der (Ur-)Kirche als Christuszeugnis stammt" und weil sie als „Christuszeugnis normierend für die Glaubensgemeinschaft" ist.[159] Weil sie Gotteswort im Menschenwort ist, ist sie kein in jeder Hinsicht irrtumsloses Werk. Sie steht „allen Fehlern, Irrtümern, Ungenauigkeiten, Verwechslungen offen, die mit menschlicher Autorschaft verbunden sind."[160]

Deshalb benötigt – wie die Päpstliche Bibelkommission 1993 festhält – die Kirchengemeinschaft Menschen, die sich „anstrengen", um „den Sinn richtig zu erfassen", also Exegetinnen und Exegeten, die die biblischen Texte auf ihre Ursprungsabsicht kritisch be- und hinterfragen im Zusammenhang der gesamten biblischen Schriften als Basis für eine theologisch sachgerechte Auslegung.[161]

6.2 Die Heilige Tradition

„Was von Anfang an war, was wir gehört haben, was wir mit unseren Augen gesehen, was wir geschaut und was unsere Hände angefasst haben, das verkünden wir: das Wort des Lebens." (1 Joh 1,1-5).

Mit „Tradition" (lat. traditio, gr. paradosis) ist nicht nur der Vorgang der Vermittlung („Verkünden") im Blick, sondern auch das vorliegende

Ursprungsgeschehen („Was von Anfang an") und das „Verkündigungssubjekt" („Wir").

Tradition als der Heiligen Schrift nachgeordnete Bezeugungsinstanz beschränkt sich jedoch keinesfalls auf die Sicherung der Identität der Offenbarungsbotschaft durch die glaubwürdige Weitergabe formulierter Sätze – im Johannesbrief ist von Erfahrungen die Rede (Hören, Sehen, Schauen, Anfassen) – sondern ist ein auf die Zukunft gerichtetes, geschichtliches Ereignis im Leben der Kirche, wie ein Abschnitt aus den sog. Abschiedsreden Jesu (Joh 16,12-14) – selbst Dokument der Tradition – zeigt: *„Noch vieles habe ich euch zu sagen, aber ihr könnt es jetzt nicht tragen. Wenn aber jener kommt, der Geist der Wahrheit, wird er euch in die ganze Wahrheit führen. Denn er wird nicht aus sich selbst herausreden, sondern er wird sagen, was er hört und euch verkünden, was kommen wird. Er wird mich verherrlichen, denn er wird von dem, was mein ist, nehmen und es euch* *vekünden. Alles, was der Vater hat, ist mein, darum habe ich gesagt: Er nimmt von dem, was mein ist, und wird es euch verkünden."* Das zweite Vatikanische Konzil nimmt auf diese Texte Bezug, wenn es in der Konstitution „Dei Verbum" erklärt: *„Die Heilige Überlieferung und die Heilige Schrift sind also eng miteinander verbunden und haben aneinander Anteil. Demselben göttlichen Quell entspringend, fließen beide zusammen und streben demselben Ziel zu. Denn die Heilige Schrift ist Gottes Rede, insofern sie unter dem Anhauch des göttlichen Geistes schriftlich aufgezeichnet wird; die Heilige Überlieferung aber gibt das Wort Gottes, das von Christus, dem Herrn, und vom Heiligen Geist den Aposteln anvertraut wurde, unversehrt an deren Nachfolger weiter, damit sie es unter der erleuchtenden Führung des Geistes der Wahrheit in ihrer Verkündigung treu bewahren, erklären und ausbreiten; so ergibt sich, daß die Kirche ihre Gewißheit über alles Geoffenbarte nicht aus der Heiligen Schrift allein schöpft. Daher sind beide mit* *dem gleichen Gefühl der Dankbarkeit und der gleichen Ehrfurcht anzunehmen und zu verehren.*"[162]

Tradition als kirchliche, apostolische Norm entlastet die Kirchengemeinschaft von der ständigen Reflexion über einen Neuanfang am Nullpunkt, unterstützt bei der Unterscheidung neuer, sich entwickelnder religiösen Formen und leistet dabei bei Bedarf sinnvollen Widerstand, indem sie an bereits vorliegende Verhaltensmöglichkeiten erinnert. Tradition kann selbst – z.B. im Blick auf den prophetischen Teil des ersten Testaments – Teil der Selbstkritik sein und die Kirche vor den Folgen der Lebens- und Liebesverweigerung bewahren, die immer auch Ansatzpunkte der außerkirchlichen Religionskritik waren und sind (Sigmund Freud, Friedrich Nietzsche, Ludwig Feuerbach, Jean-Paul Sartre, etc.). Ein Großteil der heute aufschlagenden und die Glaubwürdigkeit der Traditionsgemeinschaft Kirche schädigenden – man muss sie teilweise

Verbrechen nennen – entstand aus einer verfehlten Einstellung zur Tradition (Traditionalismus, Evolutionismus). Die Verbindlichkeit der Tradition ergibt sich – wie Hermann – Josef Pottmeyer hervorhebt – nicht aufgrund der bloßen vorliegenden Textgestalt, sondern aus ihrem Bezug zur Heilsbedeutsamkeit „ausgelegt im Blick auf die konkreten Hörer, ihre Nöte und Hoffnungen."[163] Damit formuliert er Jahrzente vor Norbert Reck, wie der Riss zwischen Dogma und Bibel zu vermeiden ist. Weitere Kriterien einer Verständnis- und Auslegungslehre (Hermeneutik) bilden die historische Rückfrage und die Exegese, die Beachtung der „Hierarchie der Wahrheiten" und der „Zeichen der Zeit".[164] Dabei muss die Frage nach dem dia- und snychronen Konsens und die formale Ausdrücklichkeit erhoben werden, mit der ein Inhalt „geglaubt, überliefert und gelehrt wird (...)."[165]

6.3 Das kirchliche Lehramt

„Heute versteht man darunter die durch die sakramentale Weihe oder Ordination (daher: Amt) begründete Lehrautorität in der Kirche, deren konkrete Träger der Einzelbischof, kollegiale Bischofsgremien (Synode, Bischofskonferenz, Konzil) sowie der römische Papst in je genauer zu bestimmender Weise sind: (...) Das Lehramt verfügt über die grundsätzliche Kompetenz der authentischen, d.h. verbindlichen Bezeugung und Verkündigung der Wahrheit des Glaubens im Dienst am Wort Gottes sowie der Entscheidung bei Streitigkeiten, die in Glaubensfragen entstehen. Dem entspricht auf Seiten der übrigen Glieder der kirchlichen Gemeinschaft die prinzipielle Bereitschaft zur gehorsamen Annahme der Äußerungen des Magisterium."[166]

Davon zu unterscheiden sind der Anteil aller getauften Christen an den Ämtern Christi (Lehrer,

Priester, Prophet), nicht-kirchliche Lehrämter wie das akademische Lehramt der Professoren oder die Tätigkeit der wissenschaftlich arbeitenden Theologen, für die z.B. Thomas von Aquin den Ausdruck „magisterium cathedrae magistralis" („wissenschaftliches Lehramt") verwendet.[167]

Da der „eigentliche und auch einzige Lehrer innerhalb des Heilshandelns Gottes (...) Christus" ist und keine menschliche Instanz garantieren kann, dass „seine Lehre und nichts anderes verkündet wird", ist der Kirche der Hl. Geist gegeben, der sie in alle Wahrheit einführt (Joh 16,13)."[168] Der Begriff der Unfehlbarkeit der Kirche schließt ein, dass die Kirche die unfehlbare Wahrheit Gottes feststellen und aussagen kann. Als Ableitung der Unfehlbarkeit der Gesamtkirche muss es auch eine Lehrinstanz gegeben, die unter der Führung des Hl. Geistes steht und eine wahrheitsleitende, dienende Funktion hat[169]. Der „Schutz des Offenbarungsgehaltes in der Situation der Angefochtenheit kann negativ durch Ausschluss falscher Verständnisweisen und positiv durch Setzung des richtigen Verständnisses erfolgen. [170] Die jeweilige Qualität einer lehramtlichen Aussage richtet sich nach dem Amtsträger (Einzelbischof, Papst, Papst in Verbindung mit einem ökumenischen Konzil, Bischofskollegium etc.), der lehramtlichen Handlung (Predigt, Hirtenschreiben, Aussagen eines Konzils) und der damit zum Ausdruck gebrachten Kompetenz. Von diesen unterschiedlichen Möglichkeiten hängt die Aussagekraft (ordentliches Lehramt, außerordentliches Lehramt, außerordentliches Lehramt – ex cathedra, etc.) und der Verpflichtungsgrad (bedingt, unbedingt) für den Gläubigen ab.[171] Da das kirchliche Lehramt in der Gemeinschaft der Kirche steht und nicht über ihr, müssen seine Inhaber beim Zustandekommen ihrer Entscheidungen auf die Übereinstimmung mit allen anderen kirchlichen Glaubensäußerungen aller anderen Bezeugungsinstanzen achten und alle verfüglichen Mittel zur Wahrheitsfindung anwenden, wozu Wolfgang Beinert die Beachtung der Hierarchie der Wahrheiten , die Zeitbezogenheit von Aussagen, die Beachtung des ökumenischen Dialog und die Aufnahme gesicherter Ergebnisse der Wissenschaften zählt.[172] Nicht unfehlbare Aussagen müssen nicht prinzipiell falsch sein, sind aber logisch potentiell fehlbar. Auch deswegen – neben der Einbettung des Kirchlichen Lehramts in die Gesamtkirche, die sich als communio versteht – kann man das Verhältnis Lehramt Gläubige oder Lehramt-Theologie nicht auf das Schema „Befehl-Gehorsam" reduzieren. Immer wieder ist es in der Geschichte der Kirche, in den Biographien einzelner zu einer abweichenden Positionierung ge-kommen, weil z.B. der Zusammenhang einer lehramt-lichen Aussage mit Schrift und Tradition nicht er-kannt werden kann, die Argumente des Lehramts nicht schlüssig erscheinen oder das Gewissen als letzte moralische Instanz für den Einzelnen einen Zustimmung verbietet. An dieser Stelle sei stellvertretend für viele an Joseph Schnitzer (1859-1939), bayerisch-schwäbisches Opfer im Modernismusstreit erinnert.

6.4 Das Gewissen

„Es gibt viele Leute, die verwechseln Gewissensfreiheit einfach mit moralischer Schlamperei. (…) Gewissensfreiheit heißt nicht: frei sein von Gewissen, sondern ein mündiges Gewissen haben, das frei entscheiden kann, was zu tun ist." (Luise Rinser)[173]

Das Gewissen ist – da trifft die Schriftstellerin den Kernbereich christlichen Glaubens – eine Zumutung an den einzelnen Christen, die er aufgrund der ihm von Gott geschenkten Freiheit auch ausüben soll. Diese Gabe Gottes entspricht dem Mut zur Unterscheidung[174] , sie trennt und verbindet, hilft zu einem besseren Verständnis des Glaubens, bedroht aber auch – wie Joseph Ratzinger hervorhebt – bisherige Gewohnheiten.[175] Diese Gabe steht im Dienst der Wahrheitsfindung, nicht bloß im Blick auf in sich stimmige Überzeugungen im Gesamtentwurf theologischer Aussagen, sondern auch im Blick auf den konkreten einzelnen Menschen und seine einmalige Existenz, zu der er von Gott höchstpersönlich in Freiheit bestimmt wurde. Deshalb darf er auch nicht mit „fremden" Antworten auf diese Freisetzung Gottes antworten, muss sich den sittlichen Herausforderungen höchstpersönlich stellen und besitzt aus ethisch-praktischer Notwendigkeit heraus, die Verpflichtung in der Vielfalt lebenspraktischer Dilemmata unter Berücksichtigung, aber unter Umständen unter Übergehung (Epikie) sittlicher Normen zu entscheiden. Sich gegen das konfliktreiche Geschenk der Freiheit zu entscheiden, sich nicht auf den „Weg" zu machen, bedeutete sich dem Ruf Gottes zu widersetzen, der dem Volk Gottes insgesamt, wie auch jedem Einzelnen gilt: *„Zur Freiheit hat uns Christus befreit!"* (Gal 5,1). Es ist das „Auszugs- und Wegemotiv" (Exodus), das das ganze 1. und 2. Testament als Norm für den Einzelnen und die Gemeinschaft durchzieht und dessen Ziel die Liebe Gottes in Jesus Christus ist. Es ist der „Heilsindikativ", der jeden Getauften dazu verpflichtet, aufzubrechen, sich von Bisherigem zu lösen. Wer sein Gewissen in der Kirche lebendig hält, für den muss gelten, was Augustinus formuliert: *„Derjenige beginnt sich auf den Weg zu machen, der beginnt die Liebe Gottes widerzuspiegeln."* [176] Der Weg der Kirche ist – wie es Johannes Paul II formuliert – dabei der Mensch in seiner Individual[177]- und Sozialnatur[178]. Stillstand, Beharren auf dem Status quo bedeutete, das Geschenk des eigenen Lebens und der Liebe Gottes nicht anzunehmen, das Christus selbst erschlossen hat: *„Da also dieser Mensch der Weg der*

Kirche ist, der Weg ihres täglichen Lebens und Erlebens, ihrer Sendung und Arbeit, ist es nötig, daß sich die Kirche unserer Zeit stets erneuert, eingedenk der Situation, in der sich jener befindet; sie soll nämlich seine Möglichkeiten kennen, die sich je nachdem, welche stets neue Richtung sie einschlagen, so (auch) zeigen."[179] Kirche ist eine Gemeinschaft des Gewissens nach Außen und nach Innen.

Das Zeugnis der Bedeutsamkeit des Glaubens nach „Außen", zur „Welt" hin, gehörte traditionell zu den unaufgebbaren Konstanten lehramtlicher Äußerung, bis hin sogar zur Leugnung der Gewissensfreiheit im 19. Jahrhundert unter Papst Gregor XVI („Mirari vos arbitramur", 1832)[180]. In einer Welt ausufernder Pluralität in der Wahrnehmung des zunehmenden Verlustes menschlicher Grunderfahrungen in den säkularisierten Gesellschaften des Westens, im Zeichen einer durch digitale Medien – und Möglichkeiten veränderten, „augmented reality"

unter vordergründigem Verzicht auf Wahrheitsansprüche ist das Zeugnis der Freiheit des
Evangeliums neu so zu formulieren, dass es dort
„draußen" wirksam werden kann. Die Wahrheit des
Evangeliums liegt in seiner Wirksamkeit, dem
„Kommen des Evangeliums". Die Christen, vor allem
diejenigen, die dazu „beamtet" (Amt = Dienst) sind,
haben dazu den „Weg" bereitzumachen. Wenn im
Blick nach „Außen" „nichts wahr ist, dann ist eben
nicht bloß möglicherweise, sondern ipso facto alles
erlaubt, oder nichts: haben Begriffe wie ‚erlaubt',
‚verboten' ihren Sinn verloren." [181] Das Gewissen ist
der „Ort" dieser Unterscheidung, dessen Leerstelle
Johannes XXIII beklagte.

Wahrheitsansprüche nach „Außen" zu propagieren,
ohne sie im eigenen Innenraum und in der
Gemeinschaft des Glaubens, der Kirche, zu
garantieren, ist wegen des Widerspruchs von Wort
und Tat, nicht nur im höchsten Maße unglaubwürdig,

sondern zerstört die Sehnsucht vieler Menschen danach, Gott zu erfahren.

„Lügnern", „Besserwissern", den „Wölfen im Schafspelt" will man nicht glauben. Anstelle des „Gemeinwohls", des Willens Gottes, die Erdlinge nach dem Verlust des Paradieses zu versöhnen, ihnen ihre Mitte in Jesus Christus, dem Neuen Adam, wiederzugeben, traten und treten als Reaktion auf die legitim verweigerte, Akzeptanz von Außen vielfältige, kirchliche Gruppen-Interessen in den Vordergrund, die die Würde der Person nur allzu oft gewissenlos unter dem Deckmantel der eigenen „Wahrheit" missbrauchten (Fundamentalismus) und noch missbrauchen.[182] Dieser Missbrauch, der eine aktive Widersetzlichkeit gegenüber dem Heilswillen Gottes darstellt, ist nicht nur ein eklatanter Verstoß gegen das Personprinzip, gefährdet nicht nur die Einheit der Kirche in ihren subsidiären Bezügen (z.B. im Blick auf das Verhältnis von Orts- und

Zentralinstanzen), sondern zerstört im Blick auf die „Kollegialität" die Zukunft (Nachhaltigkeit) aller Glieder am Leib Christi. Diese Widersetzlichkeit gegenüber der Würde des Einzelnen, auch des irrenden Menschen, ist oft nicht aus dem intellektuellen Unvermögen gespeist – viele Bischöfe, die alle Theologen sind, müssten es ja eigentlich „besser wissen" -, sondern leitet sich aus einer Verweigerungshaltung gegenüber der Geltung des Gewissensurteils ab: „Es ist nie schuld der gewonnenen Überzeugung zu folgen – man muss es sogar. Aber es kann sehr wohl schuld sein, dass man zu so verkehrten Überzeugungen gelangt ist und den Widerspruch der Anamnese des Seins niedergetreten hat. Die Schuld liegt dann woanders, tiefer: nicht in dem jetzigen Akt, nicht in dem jetzigen Gewissensurteil, sondern in der Verwahrlosung meines Seins, die mich stumpf gemacht hat für die Stimme der Wahrheit und deren Zuspruch in meinem

Innern."[183] Hier zeigt sich die prophetische Kraft theologischer Sätze, wenn sie – wie ursprünglich an die sich säkularisierende Außenwelt gerichtet – zur Selbstanklage bisheriger Blindheit gegenüber den normativen Setzungen des Glaubens werden.

Nathans Rede und die Buße Davids (2 Sam 12) entsprächen den Erfordernissen einer innerlich stumpfen, in Widersprüche sich verhakenden Kirche. Nathan widerstand David wie Paulus sich Petrus entgegenstellte. Petrus hielt sich aus Furcht vor eifernden Judenchristen nicht an die Beschlüsse des Apostelkonzils und lehnte die Tischgemeinschaft mit den unbeschnittenen Heidenchristen ab."[184]

Während der Gewissensbegriff[185] (griechisch: syneidesis, lateinisch: conscientia: Mitwissen) als Begriff der praktischen Philosophie erst in der jüngeren Stoa (Marcus Aurelius, Epiktet) als Leitvermögen der Seele, Sitz des Freiheitsbewusstseins aus der Erfahrung des

194

menschlichen Selbstbewusstseins, der eigenen Gesinnung und tieferen Überzeugung erwächst, so findet man im Alten Testament zunächst keine sprachliche Ebene zur griechischen Syneidesis. Der biblische Mensch lebt im Gehorsam gegenüber dem Wort Gottes. Gott spricht, der Mensch hört.[186] Der zentrale Begriff in der alttestamentlichen Lehre vom Menschen ist das „Herz" (hebräisch: leb). Daneben begegnet die Gewissensfunktion auch im Bild der Jahwes prüfendem Blick ausgesetzten „Nieren" des Menschen. Das „Herz" ist der Ort, an dem die Weisheit im Menschen wohnt und ihn sein Lebensziel lehrt: *„Lehre uns unsre Tage richtig zählen, daß wir ein weises Herz erlangen!"* (Ps 90,12)

Im Neuen Testament begegnet das griechische syneidesis[187], vor allem in der Apostelgeschichte und in der Briefliteratur. Die Wirklichkeit des Gewissens ist für Paulus ein allgemeines, menschliches Phänomen, mit dem Menschsein gegeben, für

Christen aber zugleich Ort der Verantwortung gegenüber Gott.[188] Es ist Repräsentant Gottes, eine objektive Instanz, die über dem Menschen steht und ihm gegenüber die Wahrheit des Handelns bezeugt. Letztlich wird diese erst im eschatologischen Urteil Gottes deutlich.[189]

Mit der Anerkennung des Christentums in der Spätantike wandelt sich der Gewissensbegriff vom Ort des Widerstandes gegen die Loyalitätsforderung des Staates hin zur Aufgabe, gemeinsames Leben in der christlichen Gemeinde aus dem Gehorsam gegenüber Gottes Wort zu gestalten.[190] Gegen dieses „Gewissen der Folgsamkeit", das im Gehorsam gegenüber kirchlichen Autoritäten erfüllbar zu sein scheint, wendet sich Aurelius Augustinus, der die Gefahren eines Scheinchristentums aus Opportunitätsgründen sieht. Die conscientia verlagert er in das Innere als einen Heiligen Schutzbezirk, „wohin keiner bei dir ist, wo du allein bist und wo Gott mit dir ist."[191] Das Gewissen stellt also auch eine Art Abwehrdistanz gegen übergriffige Einflussnahme von Außen dar. Die conscientia ist der Sitz Gottes im Menschen, der Platz, von dem aus er der Seele befiehlt, sie mahnt und selbst dann noch als Rufer zu Umkehr und Reue in ihr bleibt, wenn sich der Mensch von seiner Liebe abgewandt hat. Sie ist die „vox Dei", die Stimme Gottes im Menschen.

Thomas von Aquin (gest. 1274) sieht im Gewissen eine natürliche Anlage (griechisch: synteresis) im Menschen („Urgewissen"), das zum Tun des Guten und Unterlassen des Bösen auffordert. Die syneidesis/conscientia hingegen ist die Anwendung der sittlichen Erkenntnis auf einen konkreten Fall („Situationsgewissen"). Während die sittlichen Prinzipien des Urgewissens notwendig wahr sind, unterliegen die Schlussfolgerungen des Situationsgewissens grundsätzlich der Irrtumsmöglichkeit. Für Thomas ist das Gewissen nicht mehr ein unmittelbares Erkenntnisorgan für den Willen Gottes, sondern ein Ausfluss der praktischen Vernunft unter Leitung der Klugheit, die auf das Konkrete gerichtet ist.[192]Thomas stellt sich scharf gegen die Position Bernhard von Clairvaux und Petrus Lombardus (1095 – 1160) und Kreise im Franziskanerorden, die für den Konfliktfall immer die Unterordnung des Gewissens unter das Gesetz betonen. Die Verankerung des Gewissens in Gott sichere der Meinung Thomas nach auch die Würde des „irrenden Gewissens", denn wer gegen sein Gewissen verstoße, handle immer auch gegen das, was er als den Willen Gottes ansehe.[193]Für die Treue zum eigenen Gewissen müsse man sogar die Exkommunikation auf sich nehmen, denn auch mit ihrer schwersten Strafe könne die Kirche nur äußeren Zwang auferlegen, während sich das Gewissen vor dem Urteil Gottes zu verantworten habe. Von der Wahrheit des eigenen Lebens darf man nicht abweichen, auch wenn sie Ärgernis erregt.[194] Hier könnte man den geschützten Vorrang der Würde der Person vor dem Irrtum und seiner Verurteilung durch äußere Instanzen sehen. Gott garantiert das Recht des Irrenden vor, bei und nach einem möglichen Irrtum.

Bis ins 19. Jahrhundert stellt sich – nach der Einschätzung Eberhard Schockenhoffs – keine Vertiefung des Gewissensurteils ein. In der Antihaltung gegenüber liberalen und totalitären Strömungen entwickelte sich einerseits eine Abwertung, ja Verdammung des Freiheits- und Gewissensbegriffs (vgl. Gregor XVI, Mirari vos Arbitrium, 1832), andererseits formuliert auf dem Höhepunkt der Auseinandersetzung um die Unfehlbarkeitsdefinition des Ersten Vatikanischen Konzils der englische Kardinal und Theologe John Henry Newman die gegenseitige Verwiesenheit, letztlich aber den Vorrang des Gewissens vor dem kirchlichen Lehramt. Der religiöse Gehorsam in der

Kirche beinhalte „...nicht nur eine allgemeine Wahrheitsvermutung zugunsten der vom Lehramt vorgetragenen Position, sondern auch die existenzielle Bereitschaft, sich in dem Vertrauen auf sie einzulassen, dass sie die verpflichtende Wahrheit des eigenen Lebensentwurfs schützt. Wenn es aber dem einzelnen trotz ehrlicher Selbstprüfung und nachdem er sich in selbstkritischer Überlegung und aufrichtigem Gebet Gewissheit verschafft hat, unmöglich erscheint, diesen Vertrauensvorschuss im gegebenen Fall durchzuhalten, kann und darf er nichts anderes tun, als seinem eigenen Gewissensurteil zu folgen." Spräche der Papst gegen das Gewissen – so Newman – dann würde er Selbstmord begehen. Auf das Gewissen und seine Heiligkeit gründe sich seine Autorität wie auch seine tatsächliche Macht. [195]

Die Väter des zweiten Vatikanischen Konzils unternehmen den Versuch, die unterschiedlichen

Linien der Tradition zusammenzusehen, um der befreienden Wahrheit des Evangeliums Zugangsmöglichkeiten in der jeweiligen Zeit zu verschaffen. Weder ist das Gewissen einfachhin die Stimme Gottes im Menschen noch einfach die Stimme des Menschen als Ausdruck seiner Autonomie. Die Eigenständigkeit des Menschen gründet sich in seiner Beziehung zu Gott. Gewissen ist keine absolute Größe, sondern in paulinischer Tradition eine prüfende Instanz, die dem Menschen die Übereinstimmung seines Handelns mit der Weisung Gottes anzeigt. Im Blick auf Augustinus und seine Kritik an einer Veräußerlich des Gewissens betont das Konzil das Gewissen als heiligen Schutzbezirk, „wo keiner bei dir ist, wo du allein bist und Gott mit dir ist.[196]" Das Konzil betont, dass das Gewissen an niemanden delegiert und durch nichts ersetzt werden kann – auch nicht durch die Vorgaben des kirchlichen Lehramts („Gewissen als Folgsamkeit"). Der Vorrang der Lebenswahrheit (veritas vitae) vor der doktrinären Satzwahrheit (veritas doctrinae) nimmt Bezug auf Thomas von Aquin. Das Gewissen bleibt auf ein objektives, lebendiges „Gesetz" gerichtet, das dem Menschen wie eine „Urerinnerung an das Gute und an das Wahre" eingefügt ist. [197][198]

Als Beispiel für die synthetische Kraft im Umgang mit der vielfältigen, polaren Tradition der Kirche sei Kapitel 16 der Pastoralkonstitution („Gaudium et Spes) des Vaticanum II zitiert:

„Im Innersten seines Gewissens erkennt der Mensch ein Gesetz, das er sich nicht selbst gibt, sondern dem er gehorchen muß und dessen Stimme ihn immer anruft, das Gute zu tun und das Böse zu meiden und so, wo nötig, in den Ohren des Herzens tönt: Tu dies, meide jenes. Denn der Mensch hat ein Gesetz, das von Gott seinem Herzen eingeschrieben ist, dem zu gehorchen eben seine Würde ist und gemäß dem er gerichtet werden wird. Das Gewissen ist der verborgenste Kern und das Heiligtum des Menschen, in

dem er allein ist mit Gott, dessen Stimme in seinem Innersten widerhallt."

Aufnahme mit weitreichenden Folgen für das Gespräch mit der säkularen Welt und für den interreligiösen Dialog findet der Gewissensbegriff auch in der Dogmatischen Konstitution über die Kirche in der Welt von heute („Lumen Gentium"):

„Aber auch den anderen, die im Schatten und Bildern den unbekannten Gott suchen, auch solchen ist Gott selbst nicht ferne, da er allen Leben und Atem und alles gibt [...] und als Erlöser will, daß alle Menschen gerettet werden [...] Wer nämlich das Evangelium Christi und seine Kirche ohne Schuld nicht kennt, Gott jedoch aufrichtigen Herzens sucht und seinen durch den Anruf des Gewissens erkannten Willen unter dem Einfluß der Gnade in den Taten zu erfüllen versucht, kann das ewige Heil erlangen."[199]

Übersicht: Gewissen

Die Notwendigkeit der Unterscheidung:
„Alles aber prüfet, das Gute behaltet!"
(1 Thess 5,21)

Griechisch-Römische Antike:
Mitwissen des Menschen um das eigene Tun (gr. syneidesis)

Jüdische Welt:
Ort der göttlichen Anrede an den Menschen, Übereinstimmung mit der Tora: „Herz" (hebr. leb)

Paulus (1.Jh.n.)
Ort der Verantwortung gegenüber Gott, Platzhalter Gottes (gr. syneidesis)

Augustinus (354-430):
Raum, in dem Gott unmittelbar zum Menschen spricht („Stimme Gottes") (lat. conscientia)

Thomas v. Aquin (1225 - 1274):
- Urgewissen (gr. synteresis): „Tue das Gute, meide das Böse!"/ „Handle gut!", nicht fehlbar
- Situationsgewissen (lat. conscientia): „Handle richtig!", fehlbar
- Verpflichtung, dem Gewissen zu folgen, auch wenn dies objektiv irrt.

Gregor XVI (1831-1846):
- Ablehnung der Meinungs- und Gewissensfreiheit
- Feindschaft gegenüber der Moderne

Vaticanum II (1962-965):
- Anerkennung eines „Urgewissens"
- „Heiligtum im Menschen"
- Subjektive Größe (Irrtumsanfälligkeit)
- Gewissen verbindet alle Menschen
- Gebundenheit an das Gewissen

Ü 12

204

6.5 Der Glaubenssinn des Gottesvolkes

„Die Leistung, aber auch die Grenze von Vaticanum II besteht darin, den Begriff aus einer vergessenen Tradition wieder aufgenommen und aus den biblischen und patristischen Quellen wieder neu gefüllt zu haben.." – so formuliert der Dogmatiker Dietrich Wiederkehr[200] die Wiederentdeckung eines allen Gliedern der Kirche zukommenden freien Charismas „der inneren Übereinstimmung mit dem Gegenstand des Glaubens, kraft dessen die Kirche in ihrer Gesamtheit, die sich in dem Glaubenskonsens äußert, den Gegenstand des Glaubens erkennt und im Lebensvollzug bekennt in ständiger Übereinstimmung mit der Hl. Schrift, der Tradition und dem Lehramt der Kirche." wie Wolfgang Beinert prägnant zusammenfasst.[201]

Ein Abschnitt aus der Dogmatischen Konstitution des 2. Vatikanischen Konzils über die Kirche als „Licht der Welt" (Lumen Gentium: LG) stellt dieses

Charisma in den direkten christologischen Bezug zu Jesus Christus und leitet die eminente Bedeutung dieser Gottesgabe für die Gesamtkirche davon ab:

„Das heilige Volk Gottes nimmt auch teil am prophetischen Amt Christi, indem es sein lebendiges Zeugnis vor allem durch ein Leben im Glauben und Liebe verbreitet und Gott das Lobopfer darbringt, die Frucht der Lippen, die sich zu seinem Namen bekennen [vgl. Hebr 13,15].

Die Gesamtheit der Gläubigen, welche die Salbung von dem Heiligen haben [vgl. 1 Joh 2,20.27], kann im Glauben nicht fehlgehen, und diese ihre besondere Eigenschaft macht sie mittels des übernatürlichen Glaubenssinns des ganzen Volkes dann kund, wenn sie ‚von den Bischöfen bis zu den letzten gläubigen Laien' ihre allgemeine Übereinstimmung in Sachen des Glaubens und der Sitten äußert. Durch jenen Glaubenssinn nämlich, der vom Geist der Wahrheit geweckt und erhalten wird, hängt das Volk Gottes unter der Leitung des heiligen Lehramtes, in dessen treuer Gefolgschaft es nicht mehr das Wort von Menschen, sondern wahrhaft das Wort Gottes empfängt [vgl. 1 Thess 2,13] dem einmal den Heiligen übergebenen Glauben [vgl. Jud 3] unwiderruflich an, dringt mit rechtem Urteil immer tiefer in ihn ein und wendet ihm im Leben voller an." (LG 12)[202] Eine Gabe, also, die nicht nur dem einzelnen Kirchenglied, sondern dem gesamten Volk Gottes zugesprochen wird. Der „Glaubenssinn" ist nicht Ausdruck einer Mehrheit, die bestimmen könnte, was wahr und falsch ist (Soziologismus), er ist nicht identisch mit der „Meinung der Laien" (schwärmerischer Enthusiasmus) im Gegenüber zur einer autoritär verstandenen „Amtskirche, die „stereotyp und ohne eigene Reflexion amtliche Formeln" wiederholt"[203] (Lehramtspositivismus), er ist ein „Sinn", ein Erkenntnisorgan", das den Glauben immer tiefer versteht und in der Praxis angewendet werden soll. [204]

Beinert weist auf die Schwierigkeit hin, den Glaubenssinn der Gläubigen im Konsens festzustellen, da die Kundgabe der Glaubensäußerungen von „verschiedener Dichte und Form" ist.[205] Die grundsätzliche Bedeutung dieses theologischen Schaltprinzips wird auch im Codex Iuris Canonici (CIC, 1983, § 3)) festgehalten: „Entsprechend ihrem Wissen, ihrer Zuständigkeit und ihrer hervorragenden Stellung haben sie [erg. die Laien] das Recht und bisweilen sogar die Pflicht, ihre Meinung in dem, was das Wohl der Kirche angeht, den geistlichen Hirten mitzuteilen und sie unter Wahrung der Unversehrtheit des Glaubens und der Sitten und der Ehrfurcht gegenüber den Hirten und unter Beachtung des allgemeinen Nutzens und der Würde der Personen den übrigen Gläubigen kundzutun."[206] Zwischen den Instanzen Lehramt und Glaubenssinn kam es im Laufe der Kirchengeschichte immer wieder zu Spannungen, Reibungen,

Auseinandersetzungen, die die grundsätzliche Zuordnung der theologischen Erkenntnisorte jedoch nicht aufheben.[207] Der Glaubenssinn, der nicht von der Frage nach den Bedingungen der An- und Aufnahme (Rezeption) des Glaubens zu trennen ist, ist ein wichtiger Vergewisserungsort des Glaubens. Wenn er im Miteinander der verschiedenen Orte nicht kleingehalten wird, kann die Botschaft Jesu eine wirkliche, zeitgemäße Form zu finden. Die Betonung des Glaubenssinns der Gläubigen ordnet sich schlüssig in das Verständnis einer Kirche ein, die sich auf einen Lernprozess einlässt, bei dem die „Lehrer nicht nur gläubige Menschen sind, sondern Menschen von der ‚Welt'… Die Kirche ist als ganze eine lernende und lehrende, dem gelebten Glauben des Volkes Gottes kommt eine eigene Lehrkompetenz und Autorität zu."[208] Wird in der Kirche nicht mehr aufeinander „gehört", kann nichts an- und aufgenommen werden. Die Autorität ist an diesen Prozess gebunden.

Kein „Laien-enthusiasmus"	Gegenseitige Verwiesenheit (Reziprozität/ Rezeption)	Übereinstimmug in Sachen des Glaubens und der Sitten
Kein Lehramts-positivismus	„Glaubenssinn" (LG 12/DH 4130)	Heiliger Geist = Impuls der Wahrheit
Kein mehrheits-orientierter Soziologismus	Spannungen, Auseinander-setzungen	Leitung des Lehramts

Ü 13

6.6 Die wissenschaftliche Theologie

„…Liebe verlangt Freiheit und ist nur unter der Voraussetzung von Freiheit denkbar. Für den von Gott angerufenen Menschen und für die Menschen, die mittels seines Zeugnisses ebenfalls von Gott betroffen werden sollen, ist daher Bedingung des Bundesschlusses die rationale Selbstvergewisserung, dass es menschlich angemessen und so wichtig wie richtig sei, Gottes Werben zu folgen."[209] Aus der Anlage des Menschen als freies Gegenüber zu Gott leitet Wolfgang Beinert die Unabdingbarkeit argumentativ und reflexiv vorgenommenen Redens über den christlichen Glauben ab. Die Theologie ist – das zeigen die Formen prophetischer Selbstkritik - jüdischem und christlichen Denken innerlich.[210] Der Logos Gottes (gr. logos tou theou) ist dem christlichen Denken vorgegeben. Weil die Selbstmitteilung Gottes aber immer schon in verschiedenen Sprachen begegnet, der einzelne Christ wie die Gemeinschaft der Gläubigen, aber Antwort auf die verschiedenen Anfragen aus der kulturell je unterschiedlich geprägten Mitwelt geben soll (1 Petr 3,15: *„Seid stets bereit, jedem Rede und Antwort zu stehen, der von euch Rechenschaft fordert über die Hoffnung, die euch erfüllt."*), muss das Wort Gottes in jeder Zeitsituation passend und sachgerecht erhoben und verkündet werden.

Mit Origines (185 – 253), der auf die kritischen Anfragen des alexandrinischen Philosophen Kelsos (3. Jahrhundert), dem Christentum einen Weg in die hellenistische Welt bahnte und damit die Theologie des Apostels Paulus weiterführte und das „Christentum als die vollendetste aller Religionen"[211] erscheinen ließ, begann die systematische Reflexion über den überlieferten Glauben. Im Bereich der Schrifterklärung (Exegese) eröffnete die Allegorese zukünftigen Generationen einen angemesseneren Zugang zur Hl. Schrift. Keiner der bereits erwähnten und unzählig nicht erwähnten Theologen ging den vielgestaltigen Anfragen der Zeit aus dem Weg. Der Glaube, der oft wie bei Augustinus aus einer sinnlichen Erschließungssituation in der Begegnung mit einer bestimmten Philosophie zur reifen Entscheidung erwuchs, war orientiert am Wort Gottes, gebunden an die Gemeinschaft der Glaubenden (im weitesten Sinn: Glaubenssinn), hatte sein Ohr an den Aussagen der Autoritäten und den Überlieferungen der Zeugen. Dieser Glaube konnte nur „im Gewissen" verantwortet werden. Glauben war und ist immer – auch in der weltanschaulich weitgehend geschlossenen Welt des europäischen Mittelalters - eine Sache der Freiheit, wie Joseph Lecler mit einem Zitat Alkuins aus dem Jahr 796 belegt: „Man muß sich bewußt sein, daß der Glaube – wie der hl. Augustinus bemerkt – Willenssache und nicht Sache der Nötigung ist. Wie könnte man den Menschen zwingen, zu glauben, was er nicht glaubt? Man kann ihn zur Taufe treiben, doch nicht zum Glauben."[212] Zwangserfahrungen und Einseitigkeiten führten in die Akzeptanzkrise. Schwärmertum und Traditionalismus sind gleichermaßen geistige Sackgassen, weil sie die Beziehung der theologischen Orte kappen und so Monopole schaffen, die Tradition in eine Zukunft hinein unmöglich machen. Dabei ist die Beziehung der wissenschaftlichen Theologie in ihrer Vielgestaltigkeit zum Kirchlichen Lehramt immer wieder – aufgrund der Versuchung zur Vereinseitigung – problembeladen, im besten Sinn „kritisch"- nach „Innen" hinein, z.B. bei der Neuinterpretation von „Jenseits- und Höllenvorstellungen" und nach „Außen", z.B. bei der Abwehr und/oder Integration religionskritischer Positionen (Freud, Marx, Nietzsche, Sartre, Dawkins, etc.). Leben ist ein „mehrdimensionales Labyrinth" und die „Welt erklärt sich aus ihren Zusammenhängen."[213] Die Mehrdimensionalität des Labyrinths, das viele Zeitgenossen für einen Irrgarten halten, darzustellen und die Zusammenhänge der Welt aus dem Licht des Glaubens aufzuzeigen, das muss heute die wichtigste Aufgabe aller Christen sein. Es sind die „elementaren Gewissheiten" – die in einer partiell auseinanderdriftenden Gesellschaft sowohl aus theologischer wie aus soziologischer, gesellschaftlicher Sicht wieder angesprochen werden, wie Udo di Fabio hervorhebt: menschliche Würde, „Freisein, Rechtsgleichheit, Individualität und menschliche Solidarität, unsere Institutionen der Verantwortlichkeit, der Schuld und der sozialen Gerechtigkeit" – sie stammen aus dem Christentum.[214] Damit stimmt er mit Joseph Ratzinger/Benedikt XVI. überein, der in seinem Buch über das Christentum und die Weltreligionen feststellt: *„Der Zerfall der antiken Religionen wie die Krise des Christentums zeigen dies: Wenn Religion mit elementaren Gewissheiten einer Weltsicht nicht mehr in Einklang zu bringen ist, löst sie sich auf."*[215] Damit dies nicht geschieht, muss die theologische Erkenntnislehre zur Grundlage jeden Reformdenkens in der Katholischen Kirche werden. Es geht um die Zukunft der Kirche und der ihr anvertrauten Botschaft. Jeder, der nur zurückblickt und die alten Zeiten behalten will, wird sie verlieren. „Das zähe Festhalten am Bestehenden „ – so formuliert Fritz Riemann – „und die schroffe

Ablehnung des Neuen ... zwingt erst zu extremistischen Verhaltensweisen."[216] „Zwei Augen", nach Innen und Außen, nach Unten und Oben, in die Vergangenheit und in die Zukunft schaffen einen freien Blick. Eine Reform beginnt jedoch immer mit dem eschatologischen Blick nach „Oben" und nach „Vorne" (diagonale Vertikale) und stellt sich in die lebendige Tradition der Kirche. „Die Augen zum Himmel" – „Gli occhi al cielo!"

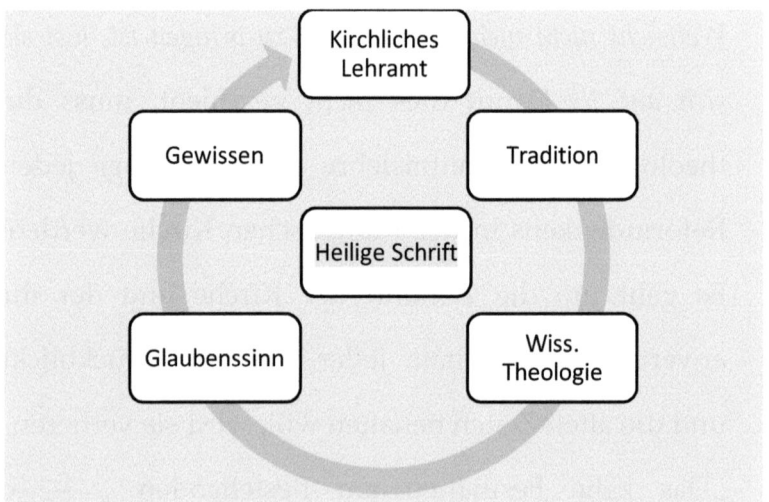

Ü 14

7. Fazit: „Damit alles so bleibt, wie es ist…"

…muss man viele Fehlentwicklungen verdrängen, die Ursachen auf andere übertragen, unliebsame Eigenschaften an der eigenen Kirche auf andere Gemeinschaften projizieren, eigenes Fehlverhalten mit vermeintlich rationalen Gründen entschuldigen, den Rückfall in frühere, eigentlich schon überholte Lebens- und Entwicklungsphasen zulassen, usw. Eine widersetzliche Energieverschwendung! Mit dieser Einstellung, ob bewusst, un- oder vorbewusst, muss gebrochen werden. Das Psychogramm einzelner darf nicht über das Gemeinwohl gestellt werden.

Gegenüber diesen o.g. Versuchungen, die die Kirche in ihrer Identität und Relevanz zerstören, gilt es die katholische Tradition in den Vordergrund zu stellen, die Sinne des Menschen ernst nimmt, die Jesus Begegnungsgeschehen in den Mittelpunkt stellt. Er war offensichtlich bereit, selbst ein Lernender zu sein, der der Lebenswahrheit den Vorrang vor Lehrsätzen gab. Diese Kirche sieht in der Gegenwart keinen Verlust und folgt - wie jüdisches und islamisches Denken - einem „Schaltplan", den sie selbst in Gänze nicht aktiviert hat. Das fordert nun Überwindung zur Tat. Vor allem wenn wir als Gemeinschaft der Glaubenden auf die weisheitliche Tradition der Kirche (Bernhard von Clairvaux) und die reichhaltige, differenzierte theologische Erkenntnislehre (Melchior Cano, Robert Bellarmin) als Antwort auf die Gefahr einer Überbetonung eines theologischen Ortes, des kirchlichen Lehramtes, blicken, ist der Kurs neu zu justieren. Gegenüber allen Einseitigkeiten, vor allem des 19. Jahrhunderts (Pius IX, Vatikanum I im Blick auf das Papstamt) erschließt das 2. Vatikanische Konzil die Vielfalt und den Reichtum der Kirche. Er besteht in der Hl. Schrift, der Tradition – das ist der Blick in die „Vergangenheit". Er besteht im Glaubenssinn, dem Gewissen – der Aspekt der

Gegenwart steht im Vordergrund. Kirchliches Lehramt als letzte Entscheidungsinstanz für die Gemeinschaft – für den Einzelnen ist es das Gewissen – und die wissenschaftliche Theologie sind Relevanz, Resonanz und Identität verpflichtet. Und dieser Schaltplan hat einen – blickt man auf die Auslegungsprinzipien der Halacha – direkten Zugang zu jüdischem Denken.

Es ist höchste Zeit, diesen theologischen Schaltplan nach Innen und Außen herauszustellen. Dann wird deutlich, dass die Kirche Jesu Christi aus der Tradition mutiger Theologinnen und Theologen, aus den Beschlüssen des Zweiten Vatikanischen Konzils heraus Zukunft hat. Die Differenzierung der unterschiedlichen „loci" ist auch der passende Ansatzpunkt für die Diskussion nach dem Verhältnis der Einzelnen zur Institution. Es geht nicht um „Demokratisierung", sondern um die Betonung der Würde der Getauften und ihrer Rechte und Pflichten gemessen an den Ansprüchen des Evangeliums. Kirche ist weder eine Monarchie noch eine Demokratie. Eine Verweigerungshaltung gegenüber dieser – aus der Tradition abgeleiteten - Erneuerung aus Angst vor der Zukunft oder der Auseinandersetzung mit der Lebenswelt propagiert ein „Weiter so!" Diese Verliebtheit in die Vergangenheit stammt aus der Welt der „Nein, aber!"- Geister und richtet unabsehbaren Schaden an. Damit darf sich kein Katholik abfinden.

„Die Kirche ist zweihundert Jahre lang stehen geblieben. Warum bewegt sie sich nicht? Haben wir Angst? Angst statt Mut? Wo doch der Glaube das Fundament der Kirche ist. Der Glaube, das Vertrauen, der Mut. Ich bin alt und krank und auf die Hilfe von Menschen angewiesen. Die guten Menschen um mich herum lassen mich die Liebe spüren. Diese Liebe ist stärker als die Hoffnungslosigkeit, die mich beim Blick auf die Kirche in Europa manchmal überkommt. Nur die Liebe überwindet die Müdigkeit. Gott

ist die Liebe. Ich habe noch eine Frage an dich: Was kannst

du für die Kirche tun?" (Carlo Maria Card. Martini)[217]

8. Nachtrag: Selbstverständnis aus der Tradition

Die christliche Lebensform im Brief an Diognet 5.[218]

Charakteristik der Christen zu Beginn des 21. Jahrhunderts heute:

> „Die (katholischen) Christen sind zu Beginn des 21. Jahrhunderts eine weltweite Gemeinschaft von Menschen unterschiedlicher Kulturen. Sie sprechen die jeweiligen Landessprachen und teilen die meisten kulturellen Eigenheiten auch ihrer nichtchristlichen Nachbarn. Sie glauben, dass ihr Glaube allen Menschen zugute kommen kann, da Gott das Heil aller Menschen, also auch der Nichtchristen will. Sie berufen sich dabei auf das Beispiel Jesu, der keinen Menschen verloren gab und der das erfahrbare Grundzeichen der Liebe Gottes zu seinen Geschöpfen, den Menschen und zum ganzen Universum ist. Gott ist in Jesus selbst Mensch geworden. Christen schließen deshalb keinen Menschen aus der Gemeinschaft aus, weil sie dies für eine Beleidigung Gottes halten. Dieser Gott ist ein Freund des Lebens, ja er ist das Leben selbst. Der Mensch in seiner Ausprägung als Mann und Frau ist sein Partner, er kann in diesem Geist der Gemeinschaft, am Leben Gottes schon während seiner Existenz auf Erden teilhaben. Dennoch sind Christen sich bewusst, dass Gott letztlich von keinem Menschen ergründet oder in Beschlag genommen werden kann. Den Missbrauch religiöser Sprache zur gewalttätigen Durchsetzung politischer und

wirtschaftlicher Zwecke lehnen sie grundsätzlich, aber auch aus schmerzlicher Erfahrung ab. Christen wissen, dass ihre geheimsten Wünsche nach Glück und Gemeinschaft von Gott her in einer absoluten Zukunft erfüllt werden. Sie vertrösten sich aber nicht mit einem fernen Jenseits, sondern packen tatkräftig mit an, um mehr Liebe in diese Welt zu bringen, Leid zu vermindern und der Hoffnungslosigkeit und der gefühlten Leere und Sinnlosigkeit ihrer Mitmenschen eine bessere Wahlmöglichkeit anzubieten. Sie engagieren sich vielfältig in Staat und Gesellschaft ohne sich von diesen letztlich die Lösung der Probleme zu versprechen. Sie sind tolerant, aber nicht gleichgültig. Sie sind sich bewusst, dass sie auf Widerstand treffen können. Ihrer Überzeugung treu zu sein, kostet auch heute viele ihrer Mitchristen Freiheit, Gesundheit, ja das Leben. Ihre Würde aber wird von einer starken, weltweiten Gemeinschaft geschützt, zu deren Lebendigkeit sie auch durch ihr solidarisches Gebet beitragen."

[1] www.clerus.org/bibliaclerusonline/it/ebg.htm, 28.03.2021, 19.09 Uhr.

[2] https:// de.statista.com/infografik/1537/kirchenaustritte-von-katholiken-in-deutschland/, 02.08.2022.

[3] Im Jahr 2022 waren es mehr als ein halbe Million; vgl.: Statistik der katholischen Kirche, in: HK (=Herder Korrespondenz), 77. Jg., 2023, S. 27.

[4] **Liedhegener**, A., Art.: Religion und Gesellschaft, I. Sozialwissenschaftlich, Version 08.06.2022, 09:10 Uhr, in: Staatslexikon[8] online, URL: https://www.staatslexikon-online.de/Lexikon/Religion_und_Gesellschaft , 30.07.2023.

[5] **Riemann**, Fritz, Grundformen der Angst, 32. Aufl., München, Basel 1999, S. 136,

[6] **Musil**, Robert, Der Mann ohne Eigenschaften, Bd. 1, hrsg. von Adolf Frisé, Sonderausgabe, Reinbeck bei Hamburg 1986, S. 16.

[7] **Beinert**, Wolfgang, Was Christen glauben. 20 Antworten für kritische Zeitgenossen, Regensburg, 2014, S. 14.

[8] **Beinert**, a.a.O., S. 15.

[9]**Sloterdijk**, Peter, Den Himmel zum Sprechen bringen, Berlin, 3. Auflage, 2020.

[10] **Denzinger**/Schönmetzer, Nr. 2888; vgl. Neuner, Roos, Der Glaube der Kirche, 81. Aufl. 1971, S. 257.

[11] **Balthasar**, Hans-Urs von, Cattolico, Milano 1976, S. 15 (übersetzt ins Italienische von Luciano Tosti).

[12] Vgl. Lk 15,1-10.

[13] Lat. confiteri: bekennen, eingestehen.

[14] Gleichwohl seine Berechtigung hat: „sentire cum ecclesia" (mit der Kirche fühlen).

[15] revelare: entschleiern, offenbaren, entblößen.

[16] **Aristoteles**, Met. IV, 1003a33. „πολλαχῶς λέγεται τὸ ὄν" («Das Seiende wird in mehrfacher Bedeutung ausgesagt»), zitiert bei: Giovanni Ventimiglia, Tod der Metapyhsik? Eine „Trauerrede"? in: https://www.unilu.ch/fileadmin/fakultaeten /tf/professuren/philotf/ Dokumente_Ventimiglia/SKZ_Giovanni_Ventimiglia__1_.pdf, 31.07.2021, 21.21.

[17] Das II. Vatikanische Konzil zitiert in der Kirchenkonstitution „Lumen Gentium", Art. 8 die vier „notae" der Kirche prädikativ: „Dies ist die einzige Kirche Christi, die wir im Glaubensbekenntnis als die eine, heilige, katholische und apostolische bekennen." Zitiert aus:

„vatican.va/archive/hist_councils/ii_vatican_council/documents/vat-ii_const_19641121_lumen-gentium_ge.html, 02.08.2021, 09.09.

[18] Der Begriff stammt von dem anglikanischen Bischof Ian Thomas Ramsey. (vgl. https://en.wikipedia.org/wiki/Ian_Ramsey, 30.07.2021, 11.57).

[19] **Platon**, Timaios 31c: „Das schönste aller Bänder ist nun das, welches das Verbundene und sich selbst so viel wie möglich zu einem macht.", zitiert bei: www. alenck.de/pdf/Platon/26_Platon_Timaios.pdf, 31.07.2021, 21.54.

[20] Joh 15,14f.: „Ihr seid meine Freunde, wenn ihr tut, was ich euch auftrage. 15 Ich nenne euch nicht mehr Knechte; denn der Knecht weiß nicht, was sein Herr tut. Vielmehr habe ich euch Freunde genannt; denn ich habe euch alles mitgeteilt, was ich von meinem Vater gehört habe."

[21] https://www.katholisch.de/artikel/45859-baustelle-glaubensdikasterium-franziskus-sichert-sein-erbe, 30.07.2023, 11.59.

[22] **Flügge**, Erik, Der Jargon der Betroffenheit. Wie die Kirche an ihrer Sprache verreckt, Kösel-Verlag, 7. Auflage 2016.

[23] **Kristeva**, Julia, Dieses unglaubliche Bedürfnis zu glauben, Gießen 2014, S.11.

[24] 2 Kor 4,13: „Ich habe geglaubt, darum habe ich geredet."

[25] II. Vatikanisches Konzil: Pastoralkonstitution über die Kirche in der Welt von heute („Gaudium et spes"), Art. 19: Der Mensch „existiert … nur, weil er, von Gott aus Liebe geschaffen, immer aus Liebe erhalten wird; und er lebt nicht voll gemäß der Wahrheit, wenn er diese Liebe nicht frei anerkennt und sich seinem Schöpfer anheimgibt".

[26] 4 Höre, Israel! Der HERR, unser Gott, der HERR ist einzig. 5 Darum sollst du den HERRN, deinen Gott, lieben mit ganzem Herzen, mit ganzer Seele und mit ganzer Kraft. 6 Und diese Worte, auf die ich dich heute verpflichte, sollen auf deinem Herzen geschrieben stehen. 7 Du sollst sie deinen Kindern wiederholen. Du sollst sie sprechen, wenn du zu Hause sitzt und wenn du auf der Straße gehst, wenn du dich schlafen legst und wenn du aufstehst. 8 Du sollst sie als Zeichen um das Handgelenk binden. Sie sollen zum Schmuck auf deiner Stirn werden. 9 Du sollst sie auf die Türpfosten deines Hauses und in deine Stadttore schreiben.

[27] Der erste und letzte Ruf, den ein jüdisches Kind bzw. Sterbender hört.

[28] Mk 2,14; Mt 9,9; 16,24.

[29] Vgl. Apg 2,1-13; Ex 19,16-19.

[30] So zum Beispiel im Tympanon des Nordportals der Marienkirche in Würzburg. Das „Kind" gleitet dort durch eine Art Schlauch vom Mund Gottes in das Ohr Mariens.

[31] „Ausculta, fili, praecepta magistri…!" „Höre, mein Sohn, auf die Weisung des Meisters, neige das Ohr deines Herzens, nimm den Zuspruch des gütigen Vaters willig an und erfülle ihn durch die Tat!", z.B. bei: www. frauenwoerth.de/benediktsregel-prolog, 01.08.2021, 12.07.

[32] Vgl. 1 Sam 9,16: „denn ich habe die Not meines Volkes Israel gesehen, und sein Hilfsgeschei ist zu mir gedrungen." Ex 2,24: Gott hörte ihr Stöhnen, und Gott gedachte seines Bundes mit Abraham, Isaak, und Jakob."

[33] „Quia ad cor hominis aures Dei: sicut aures corporis ad os hominis, sic cor hominis ad aures Dei." Zitiert aus: www. augustinus.it/latino/ esposizioni_salmi/index2.htm, 01.08.2021, 12.45.

[34] https:// falschzitate.blogspot.com/2020/06/gedacht-ist-nicht-gesagt-gesagt-ist.html, 17.08.2021, 20.13.

[35] **Maier**, Friedrich, Sophia. Morgenröte der Vernunft. Die Karriere der Philosophie, Bad Driburg 2021, S. 10.

[36] Thomas von Aquin zugeschrieben: „Sehen, Tasten, Schmecken täuschen sich in Dir, aber nur durch tiefes (sicheres) Hören glaubt man."

[37] Gotteslob. Katholisches Gebet – und Gesangbuch. Äusgabe für die Diözese Augsburg, Augsburg, 6. Aufl. 2020, S. 543 (= GL 497)

[38] Vgl. **Wüllenkemper**, Cornelius, in: www.deutschland-funk.de/psychologie-warum-beruehrungen-ueberlebenswichtig-sind.676.de.html?dram:article_id=442071, 17.08.2021, 19.53. Mit Verweis auf Martin Grünwald, Homo hapticus. Warum wir ohne Tastsinn nicht leben können, 2017.

[39] LG 1: zitiert nach: www. vatican.va/archive/hist_councils/ii_ vatican_council/documents/vat-ii_const_19641121_lumen-gentium_ge.html, 17.08.2021, 17.55.

[40] Gen 2,7.

[41] Jer 1,9: „Dann streckt der Herr seine Hand aus, berührte meinen Mund und sagte zu mir: Hiermit lege ich meine Worte in deinen Mund."

[42] CIG (online) vom 27.02.2021: www. herder.de/cig/geistesleben/2017/01-06-2017/haut-das-sakrament-der-haut/, 17.08.2021, 18.15.

[43] Lk 22,48 (Judaskuss), vgl. Mk 14,44; Lk 7,38 (Küsse der Sünderin); 1 Kor 16,20: „Grüßt einander mit dem heiligen Kuss!"

[44] **Heid**, Stefan, La preghiera dei primi Christiani, Magnano, 2013, S. 99.

[45] A.a.O., s. 100: „per gli antichi, attraverso il bacio sulla bocca avveniva lo scambio dello pneuma."

[46] A.a.O., S. 18: „Per i Christiani, lo stare in maniera libera e cosciente davanti a Dio con le braccia aperte, le mani e gli occhi alzati, è espressione dell'immagine divina che recano in sé."

[47] Vgl. https://psylex.de/psychologie-lexikon/verhalten/tattoos/ 06.08.203.

[48] A.a.O.

[49] Der körperliche Missbrauch von Kindern, Jugendlichen, Erwachsenen gehört deshalb zu den verwerflichsten Handlungen und tiefsten Beleidigungen Gottes.

[50] Indirekt kommt das auch in Dtn 6,8 zum Tragen: „Und du sollst sie binden zum Zeichen auf deine Hand, und sie sollen dir ein Merkzeichen zwischen deinen Augen sein."

[51] Vgl. Eph 5,2; Jes 3,24: „… Gott zu einem süßen Geruch."

[52] Vgl. Hosea 14,6: „Seine Zweige sollen sich ausbreiten, / sodass seine Pracht wie die des Ölbaums wird / und sein Duft wie der des Libanon."

[53] Vgl. Jeremia 6,20: „Was soll mir der Weihrauch aus Saba / und das gute Gewürzrohr aus fernem Land? Eure Brandopfer gefallen mir nicht, / eure Schlachtopfer sind mir nicht angenehm."

[54] Hld 4,15: „Die Quelle des Gartens bist du, / ein Brunnen lebendigen Wassers, / das vom Libanon fließt. 16 Nordwind, erwache! Südwind, herbei! / Durchwehe meinen Garten, / lasst strömen die Balsamdüfte! Mein Geliebter komme in seinen Garten / und esse von seinen köstlichen Früchten."

[55] Mk 16,1: „Als der Sabbat vorüber war, kauften Maria aus Magdala, Maria, die Mutter des Jakobus, und Salome wohlriechende Öle, um damit zum Grab zu gehen und Jesus zu salben."

[56] Vgl.: www. herder.de/gd/lexikon/weihrauch-geschichtlich/, 14.01.2022, 17.49.

[57] A.a.O.

[58] **Albertz**, R., Westernmann, C., Art. ruah/Geist, in: **Jenni**, Ernst, **Westermann**, Claus (Hrsg.), Theologisches Wörterbuch zum Alten Testament, Band II, München, Zürich 1976, S. 725.

[59] riechen: ‚einen Geruch von sich geben, ausströmen, einen Geruch wahrnehmen', ahd. riohhan (8. Jh.), mhd. riechen ‚rauchen, qualmen,

dampfen, einen Geruch von sich geben', spätmhd. auch transitiv ‚einen Geruch wahrnehmen': www. dwds.de/wb/etymwb/riechen, 15.01.2022.

[60] Vgl. Iwaniewicz, Peter, Sinnliche Geschichten. Die Sinne von Lebewesen bestimmen, wie sie die Welt erleben, in: Ursache und Wirkung. Sonderausgabe Nr. 2, S. 39.

[61] **Kant**, Immanuel, Kritik der reinen Vernunft, nach der ersten und zweiten Original-Ausgabe neu herausgegeben von Raymund Schmidt, Hamburg (Meiner-Verlag) 1956, S. 338 („Von der reinen Vernunft als dem Sitz des transzendentalen Scheins").

[62] Vgl. Gen 1,28f.: „Gott segnete sie und Gott sprach zu ihnen: Seid fruchtbar und mehrt euch, füllt die Erde und unterwerft sie und waltet über die Fische des Meeres, über die Vögel des Himmels und über alle Tiere, die auf der Erde kriechen! 29 Dann sprach Gott: Siehe, ich gebe euch alles Gewächs, das Samen bildet auf der ganzen Erde, und alle Bäume, die Früchte tragen mit Samen darin. Euch sollen sie zur Nahrung dienen."

[63] **Kant**, a.a.O., S. 95 (= B 75).

[64] Weish 2,2. Das „Herz" (hebr. leb) ist die Mitte des Menschen. Manche mögen sie mit dem Gewissen (gr. syneidesis) verbinden, andere mit der „anima", der „Seele". Jedenfalls markiert es die „Mitte des Menschen", die jeglicher aktiven oder passiven Bestimmung als Bedingung der Möglichkeit – transzendental - vorausgeht. Vgl. „Die Seele ist auf irgendeine Weise Alles", Thomas v. Aquin, De anima II 1 lectio 13 n.4.

[65] **Johannes Paul II**, Enzyklika Fides et Ratio (1998), in: www.vatican.va/content/john-paul-ii/de/encyclicals/documents/hf_jp-ii_enc_14091998_fides-et-ratio.html, 21.35.

[66] **Hoppe-Graff**, Siegfrid, Keller, Barbara (Hrsg.), Zimbardo, Philipp, G., Psychologie, 5. neu übersetzte und bearbeitete Auflage, Berlin, Heidelberg, New York, u.a., 1992, S.65f.

[67] Lat. reri: (be-) rechnen.

[68] Vgl. den erkenntnistheoretisch subjektiven Standpunkt von George Berkely (1685-1753): „Sein ist Wahrgenommen-Werden." („esse est percipi").

[69] **Hemel**, Ulrich, Kritik der digitalen Vernunft, Freiburg i. Br., 2020.

[70] Aus evangelisch-ökumenischer Perspektive: Marion **Küstenmacher**, u.a., Gott 9.0. Wohin unsere Gesellschaft spirituell wachsen wird, München, 6. Auflage 2015.

[71] **Bauer**, Joachim, Das empathische Gen, Freiburg 2021.

[72] **Guardini**, Romano, Das Bild von Jesus dem Christus im Neuen Testament, Würzburg, 3. Auflage 1953, S. 38f.

[73] **Reck**, Norbert, Der Jude Jesus und die Zukunft des Christentums. Zum Riss zwischen Dogma und Bibel, Mainz, 3. Aufl. 2021, S.116f.

[74] **Reck**, a.a.O, S. 117.

[75] **Reck**, a.a.O., S. 118.

[76] https://www.frauenbund.ch/files/Files/Dokumente/ Frauenkirchenstreik_Texte/biblische_Frauen/Die_Syrophoenizierin.pdf , 31.01.2022.

[77]**Berlis**, Angela, in: www. querelles-net.de/index.php/qn/article/ view/180/188, 02.02.2022.

[78] Vgl. V. 5,20 (Reaktion der Menge): kai pantes ethaumazon/und alle staunten.

[79] **Dautzenberg**, Gerhard, Die Geschichte Jesu im Johannesevangelium, in: ders., Schreiner, Josef (Hrsg.), Gestalt und Anspruch des Neuen Testaments, Würzburg, 2. Aufl., 1969, S. 240.

[80] **Kertelge,** Karl, Die Epiphanie Jesu im Evangelium, in: Gerhard Dautzenberg, Gerhard, Schreiner, Josef (Hrsg.), a.a.O., S. 166f.

[81] **Kertelge**, Karl, Markusevangelium, Würzburg 1994, S78.

[82] **Kertelge**, a.a.O.

[83] bibelwissenschaft.de/bibelkommentar/beitraege-im-obk/ch/10db55ffc1bf10122c388cb688fd1446/?tx_gbbibelkommen-tar_main[comment]=83&tx_gbbibelkommentar_main[action]=show&tx _gbbibelkommentar_main[controller]=Comment, 04.02.2022.

[84] **Kertelge**, S. 106: „Die Bitte des Blinden ist insofern messianisch motiviert, als das ‚Sehen der Blinden‘ nach Jes 29,18 dem Anbruch der messianischen Zeit zugeschrieben wird.“

[85] **Gnilka**, Joachim, Jesus von Nazareth. Botschaft und Geschichte (= Wikenhauser, Alfred, Vögtle, Anton, Schnackenburg, Rudolf (Hrsg.), Herders Theologischer Kommentar zum Neuen Testament, Supplementband III), Freiburg, Basel, Wien, 1990, S. 135.

[86] Vgl. Gnilka, a.a.O., S. 136.

[87] Mt 5,48: „Seid ihr also vollkommen, wie euer himmlischer Vater vollkommen ist.“

[88] **Gnilka**, Joachim, Die frühen Christen. Ursprünge und Anfang der Kirche (= Herders theologischer Kommentar zum Neuen Testament, Supplementband VII), Freiburg, Basel, Wien 1999, S. 159.

[89] **Müller**, Gerhard-L, Art. Christologie, in: Beinert, Wolfgang (Hrsg.), Lexikon der Katholischen Dogmatik, Freiburg, Basel, Wien, 2. Aufl. 1988, S. 59.

[90] Den Unterschied zwischen der Veränderbarkeit kirchlicher Strukturen und der bleibenden Verwiesenheit des Menschen auf einen verfassten Inhalt (Religion) macht der Schriftsteller Michael Köhlmeier deutlich, in: **Orth**, Stefan, „Der erste Schritt von Gott weg ist die Gründung einer Religion". Ein Gespräch mit dem Schrifsteller Michael Köhlmeier, in: Herder-Korrespondenz (76. Jahrgang), März 2022, S. 17-21.

[91] „Nicht ihr erwähltet mich, sondern ich erwählte euch." (Joh 15,16)

[92] Art. Tora, in: **Schoeps**, Julius H. (Hrsg.), Neues Lexikon des Judentums, Gütersloh/München 1992, S. 453.

[93] **Stemberger**, Günter, Der Talmud. Einführung – Texte – Erläuterungen, München, 1982.

[94] **Zinviert**, Yaacov, Tor zum Talmud, Münster, 2. Aufl. 2010.

[95] Art. Talmud, in: **Schoeps**, a.a.O., S. 445; Art. Talmud-Tora-Schulen, in: Schoeps., a.a.O., S. 445f.

[96] Art. Mischna, in: **Schoeps**, a.a.O. S. 316.

[97] Art. Aggada, in: **Schoeps**, Julius, H. (Hrsg.), Neues Lexikon des Judentums, überarb. Auflage, Gütersloh, 2000, S.255.

[98] Art. Aggada, a.a.O. S.255.

[99] Babylonischer Talmud Wilnaer Ausgabe): Beginn des Traktats *Berachoth*. In der Mitte die Mischna, ab Zeile 14 die Gemara (beginnend mit der hervorgehobenen Abkürzung „גמ‎"). Innen (hier: rechter Rand) der Kommentar von Raschi, außen (hier: linker Rand) spätere Kommentare., lizenzfrei.

[100] **Khoury**, Adel Theodor, Art. Rechtsschulen, in: Islam-Lexikon, Bd. 3, Freiburg-Basel-Wien 1991, S.632.

[101] **Tworuschka**, Monika, Islam, Göttingen 1982, S. 21.

[102] **Khoury**, Art. Hadith, a.a.O., Bd. 2, S. 325.

[103] Die wichtigsten Hadith-Sammlungen werden bei Khoury, Art. Hadith, a.a.O., Bd.2, S.28f. aufgeführt, z.B. die Sammlung Sahi Bukharis (810-870), Sahi, Muslim (817–875), Sunan Abu Dawud (817-888).

[104] **Khoury**, Art. Hanbaliten, a.a.O, Bd.2, S.335f.

[105] **Khoury**, Art. Schaffi'iten, a.a.O., Bd. 3, S. 673f.

[106] **Berger**, Lutz, Islamische Theologie, Wien 2010 (=UTB 3303), S.116f.

[107] Vgl. Khoury, Rechtssysstem, a.a.O. mit Verweis auf Sure 4,115: „Wer sich dem Gesandten widersetzt, nachdem ihm die Rechtleitung deutlich geworden ist, und einem anderen Weg als dem der Gläubigen folgt, den lassen Wir verfolgen, was er verfolgt hat, und in der Hölle brennen – welch schlimmes Ende!" (Sure 4,115).

[108] **Khoury**, Art. Rechtssystem, a.a.O. S. 639.

[109] **Beinert**, Wolfgang, Kann man dem Glauben trauen? Grundlagen theologischer Erkenntnis, Regensburg 2004, S.43.

[110] **Beinert**, a.a.O., S. 29.

[111] **Beinert**, a.a.O, S. 34.

[112] **Schockenhoff**, Eberhard, Die Kunst zu lieben. Unterwegs zu einer neuen Sexualethik, Freiburg, Basel, Wien, 2021, S.413f.

[113] **Schockenhoff**, Eberhard, a.a.O., S. 415f.

[114] **Pius XII.**, Apostolische Konstitution „Sacramentum Ordinis" (30.11.1947) mit Verweis auf Brinkmann, in: Daufratshofer, Das päpstliche Lehramt auf dem Prüfstand der Geschichte. Franz Hürth SJ als „Holy Ghostwriter" von Pius XI. und Pius XII., Freiburg, Basel, Wien 2021, S.559.

[115] **Pottmeyer**, Hermann Josef, Die Suche nach der verbindlichen Tradition und die traditionalistische Versuchung der Kirche, in: **Wiederkehr**, Dietrich (Hrsg.), Wie geschieht Tradition? Überlieferung im Lebensprozess der Kirche, (= QD 133), Freiburg, Basel, Wien 1991, S.89.

[116] **Obertreis**, Sara, Der Glaube hat seine Relevanz verloren, in: FAZ, 03.07.2022 – online: www.faz.net/aktuell/gesellschaft/menschen/rekord-an-kirchen austritten-der-glaube-hat-seine-relevanz-verloren-18142798.html? premium, 27.07.2022.

[117] **Obertreis**, Sara, a.a.O.

[118] Eine Differenzierung dieser Kommunikationsmodelle findet sich bei: **Beinert**, Wolfgang, Kann man dem Glauben trauen? Grundlagen theologischer Erkenntnis, Regensburg 2004, S. 60f.

[119] DH 4209, zitiert im folgenden nach: **Denzinger**, Heinrich. Kompendium der Glaubensbekenntnisse und kirchlichen Lehrentscheidungen, verbessert, erweitert, ins Deutsche übertragen und unter Mitarbeit von Helmut Hoping herausgegeben von Peter Hünermann, Freiburg, Basel, Wien, 45. Auflage, 2017.

[120] DH 4210.

[121] **Beinert**, Wolfgang, Der Glaubenssinn der Gläubigen in Theologie- und Dogmengeschichte. Ein Überblick, in: **Wiederkehr**, Dietrich (Hrsg.), Der Glaubenssinn des Gottesvolkes – Konkurrent oder Partner des Lehramts? (=QD 151), Freiburg im Breisgau, Basel, Wien, 1994, S.66-131.

[122] **Terstriep**, Dominik, Weisheit und Denken. Stilformen sapientaler Theologie (= Analecta Gregoriana Vol 283. Series Facultatis Theologiae: sectio B, n.99), Rom 2001, S. 252.

[123] **Congar**, Y.-M.J., Quod omnes tangit, ab omnibus tractari et approbari debet, in: revue historique de droit francais et etranger, quatrieme serie, vol 35 (1958), S. 21, online unter: https:/www.jstor.org/stable/43847329, 30.07.2022.

[124] **Seckler**, Max, Die schiefen Wände des Lehrhauses. Katholizität als Herausforderung, Freiburg, Basel, Wien 1988, S. 120.

[125] **Seckler**, a.a.O., S. 121.

[126] katholisch.de/artikel/32884-melchior-cano-der-theologische-schatzsucher, 31.07.2022.

[127] **Pottmeyer**, Hermann Josef, Normen, Kriterien und Strukturen der Überlieferung, in: **Kern**, Walter, Pottmeyer, Hermann Josef, **Seckler**, Max (Hrsg.), Handbuch der Fundamentaltheologie, Bd. 4: Traktat Theologische Erkenntnislehre, Freiburg, Basel, Wien, 1988, S.132f. mit Verweis auf Cano, De locis theol. 1,3.

[128] **Pottmeyer**, a.a.O., S. 133. Beinert, Glaubenssinn, a.a.O., S. 89.

[129] **Pottmeyer**, a.a.O., S. 132f.

[130] **Seckler**, a.a.O., S. 126.

[131] **Beinert**, Glaubenssinn, a.a.O., S. 90f.

[132] **Seckler**, a.a.O., S. 127.

[133] **Wolf**, Hubert, Der Unfehlbare. Pius IX. und die Erfindung des Katholizismus im 19. Jahrhundert, München 2020, S. 12f.

[134] Wolf weist darauf hin, dass die Historizität dieser Äußerung lange umstritten war; Verweis auf Schatz, Klaus, Vaticanum I, Bd. 3, S. 321; Pasztor (Hg.), **Diario Tizzani**, Bd. 2, S. 488.

[135] **Seckler**, a.a.O., S. 127.

[136] Den „Generalangriff auf die Tradition" und die Reaktion der Päpste infolge der französischen Revolution verdeutlicht Wolf, a.a.O., S. 15-46.

[137] DH 3074 (Pastor aeternus).

[138] **Wolf**, in: www.kirche-und-leben.de/artikel/wie-der-papst-unfehlbar-wurde, 02.08.2022.

[139] 28.02.2013.

[140] **Neuner**, Peter, Der lange Schatten des Ersten Vatikanischen Konzils. Der Fremdköprer, in: Herder Korrespondenz (HK) 12/2019, S. 34.

[141] **Neuner**, a.a.O. S. 36.

[142] Ein Beispiel ist Joseph Schnitzer (1859-1939), der 1908 als Kirchenhistoriker an der Münchner Theologischen Fakultät suspendiert wurde.

[143] Quellenverweis bei: Beinert, Glaubenssinn, a.a.O., S. 93f.

[144] **Beinert**, Glaubenssinn, a.a.O. S. 95.

[145] A.a.O.

[146] A.a.O., 96.

[147] https. :// www.aerzteblatt.de/archiv/55697/William-Harvey-(1578-1657)-Die-Entdeckung-des-Blutkreislaufs, 20.08.2022.

[148] Rede von Papst **Johannes XXIII.** zur Eröffnung des 2. Vatikanischen Konzils am 18.10.1962 (=HK 17 (1962/63), 85-88), zitiert aus: www.erzbistum-muenchen.de/cms-media/media-21711420.pdf, 20.08.2022.

[149] Vaticanum 2. Dritte öffentliche Sitzung, 4. Dez. 1963: Konstitution über die heilige Liturgie („Sacrosanctum Concilium") = DH 4001.

[150] **Halbwachs**, Maurice., Das kollektive Gedächtnis (Fischer Taschenbuch 7359), Frankfurt am Main, 1985, S. 10.

[151] **Wiedenhofer**, Siegfried, Die Tradition in den Traditionen. Kirchliche Glaubensüberlieferung im Spannungsfeld kirchlicher Strukturen, in: **Wiederkehr**, Dietrich (Hrsg.), Wie geschieht Tradition? Überlieferung im Lebensprozess der Kirche (= QD 133), Freiburg, Basel, Wien, 1991, S. 134.

[152] **Berger**, Peter L, Auf den Spuren der Engel. Die moderne Gesellschaft und die Wiederentdeckung der Transzendenz (Fischer Taschenbuch 6625), Frankfurt am Main 1981, zitiert bei Wiedenhofer, a.a.O., S. 134.

[153] **Douglas**, M., Ritual, Tabu und Körpersymbolik. Sozialanthropologische Studien in Industriegesellschaft und Stammeskultur (Fischer Wissenschaft 7365), Frankfurt am Main 1986, zitiert bei Wiedenhofer, a.a.O., S. 150.

[154] **Wiedenhofer**, a.a.O., S. 155.

[155] **Maturana**, Humberto, **Varela,** J. Francisco, Der Baum der Erkenntnis. Die biologischen Wurzeln menschlichen Erkennens, Frankfurt, 9. Aufl. 2021, S. 51-53.

[156] Herausragende und (!) lesbare Darstellung findet sich bei: **Beinert**, Wolfgang, Kann man dem Glauben trauen? a.a.O.

[157] **Beinert**, Glauben, a.a.O., S. 87.

[158] DH 4228 (=DV 21).

[159] **Beinert**, Wolfgang, Einleitung in die Dogmatik – Theologische Erkenntnislehre, in: ders. (Hrsg.), Glaubenszugänge. Lehrbuch der Katholischen Dogmatik, Paderborn, München, Wien, Zürich 1995, S. 111.

[160] **Beinert**, a.a.O.

[161] Päpstliche Bibelkommsssion, Die Interpretation der Bibel in der Kirche, 23. April 1993 (VAS 115), Bonn 1993, 114f.; online: www.atican.va/roman_curia/congregations/cfaith/pcb_documents/rc_con_cfaith_doc_19930415_interpretazione_ge.html, 21.08.2022.

[162] DH 4212 = Zweites Vatikanisches Konzil, „Dei Verbum (DV)" 9.

[163] **Pottmeyer**, Hermann-Josef, Die Suche nach der verbindlichen Tradition und die traditionalistische Versuchung der Kirche, in: **Wiederkehr**, Dietrich (Hrsg.), a.a.O., S. 110.

[164] **Pottmeyer**, a.a.O.

[165] A.a.O.

[166] **Beinert**, Theologische Erkenntnislehre, a.a.O., S. 32.

[167] **Beinert**, Kann man dem Glauben trauen? a.a.O., S. 118 mit Verweis auf Thomas von Aquin, StH II-II, 1,10 und In sent. 19,2,2 q.2 ad 4.

[168] **Beinert**, Theologische Erkenntnislehre, a, a.O., S. 133.

[169] **Beinert**, Kann man dem Glauben trauen? a.a.O., S. 15.

[170] **Beinert**, a.a.O., S. 127.

[171] Zusammenstellung bei **Beinert**, Theologische Erkenntnislehre, a.a.O., S. 147.

[172] **Beinert**, a.a.O., S. 146.

[173] **Rinser**, Luise, Gespräche über Lebensfragen, Würzburg 1966, S. 53-58, in: **Bubolz**, Georg (Hg.), Am Anfang war das Wort. Religion gymnasiale Oberstufe, Gütersloh 2017, S. 364.

[174] **Hummel**, Reinhart, Sudbrack, Josef, in: **Heller**, Bruno, Krise des Denkens, Mainz 1990, S. 1.

[175] **Ratzinger**, Joseph, Die ganze Größe von Gottes Wort, in: Focus Nr. 37 (09/2000), S. 48.

[176] **Augustinus**: „incipit exire, qui incipit amare, Enarationes in Psalmos 64,2, zitiert bei: **Assmann**, Jan, Exodus. Die Revolution der Alten Welt, 3., durchgesehene Auflage, 2015 (= Lizenzausgabe für die Wissenschaftliche Buchgesellschaft), München 2015.

[177] DH 4645.

[178] DH 4644.

[179] DH 4645.

[180] DH 2730.

[181] **Splett**, Jörg, Denken vor Gott. Philosophie als Wahrheitsliebe, Frankfurt a.M. 1996, S. 55.

[182] **Beinert**, Wolfgang, „Katholischer Fundamentalismus". Häretische Gruppen in den Kirchen? Regensburg 1991.

[183] **Ratzinger**, Josef, Wahrheit, Werte, Macht. Die pluralistische Gesellschaft im Kreuzverhör, Frankfurt a.M. 199, S. 58.

[184] Gal 2,11ff.

[185] Ich folge: **Schockenhoff**, Eberhard, Das umstrittene Gewissen. Eine theologische Grundlegung, Mainz 1990, S. 45-55.

[186] Gen 22,1: „Nach diesen Begebnissen geschah es. Gott prüfte Abraham und sprach zu ihm. Abraham! Er sprach: Da bin ich!"

[187] Lemma syneidesis (Gewissen), in: **Aland**, Barbara u. Kurt (Hrsg.), Bauer, Walter, Griechisch-deutsches Wörterbuch, 6., völlig neu bearbeitete Auflage, Berlin, New York, 1988, S. 1568f.

[188] **Schockenhoff**, a.a.O., S. 56.

[189] A.a.O., S. 67.

[190] A.a.O. S. 68.

[191] Enarrationes in Psalmos 54,9: „… in conscientia, quo nullus hominum intrat, ubi nemo tecum est, ubi tu et Deus est.", vgl. Schockenhoff, S. 73.

[192] A.a.O: S. 79.

[193] A.a.O., S. 86.

[194] Veritas vitae non est dimittenda propter scandalum, in: Schockenhoff, a.a.O., S. 91.

[195] **Schockenhoff**, a.a.O. S. 144f.

[196] Enarrationes in Psalmos 54,9: „in conscientia, quo nullus hominum intrat, ubi nemo tecum est, ubi tu et Deus est."

[197] **Schockenhoff**, a.a.O., S. 91.

[198] DH 4316 (=GS 16).

[199] DH 4140 (=LG 16).

[200] **Wiederkehr**, Dietrich, in: ders.: Der Glaubenssinn des Gottesvolkes – Konkurrent oder Partner des Lehramtes? (= QD 151), Freiburg im Breisgau, Basel, Wien 1994, S. 9.

[201] **Beinert**, Wolfgang, Art. Glaubenssinn der Gläubigen, in: ders. (Hrsg.), Lexikon der katholischen Dogmatik, Freiburg im Breisgau, Basel, Wien, 2. Aufl. 1988, S.200.

[202] DH 4130 (=LG 12)

[203] Vgl. **Beinert**, Wolfgang, Glaubenssinn der Gläubigen in der systematischen Theologie, in: **Koch**, Günter (Hrsg.), Mitsprache im Glauben? Vom Glaubenssinn der Gläubigen, Würzburg 1993, S. 59f.

[204] Vgl. Zusammenfassung bei: Beinert, Kann man dem Glauben trauen, a.a.O., S. 157-159.

[205] **Beinert**, Art. Glaubenssinn, a.a.O., S. 201.

[206] CIC § 212 in: Codex des kanonischen Rechts, herausgegeben im Auftrag der Deutschen und der Berliner Bischofskonferenz, der Österreichen Bischofskonferenz, der Schweizer Bischofskonferenz sowie der Bischöfe von Bozen-Brixen, von Luxemburg, von Lüttich, von Metz und von Straßburg, Kevellaer 1983, S. 88f.

[207] **Beinert**, Kann man dem Glauben trauen, a.a.O. S. 167f.

[208] **Waldenfels**, Hans, Kontextuelle Fundamentaltheologie, Paderborn, München, Wien, Zürich, 2. Aufl. 1988, S. 470.

[209] **Beinert**, Kann man dem Glauben trauen, a.a.O., S. 144.

[210] **Beinert**, a.a.O., S. 145.

[211] **Küng**, Hans, Das Christentum. Wesen und Geschichte, München, Zürich, 2. Auflage 2008, S. 205.

[212] M.G.H., Epist. kar. Aevi, Bd. II, 164, Brief 113 von Alcuin: Übersetzung und Stellennachweis bei **Lecler**, Joseph, Geschichte der Religionsfreiheit im Zeitalter der Reformation, Bd. 1, Stuttgart 1965, S. 141.

[213] **Huber**, Johannes, Der holistische Mensch. Wir sind mehr als die Summe unserer Organe, Wien 2017, S. 185.

[214] **di Fabio**, Udo, Gewissen, Glaube, Religion. Wandelt sich die Religionsfreiheit?, Berlin, 2. erw. Auflage 2009, S. 30.

[215] **Ratzinger**, Joseph (Benedikt XVI.), Glaube - Wahrheit - Toleranz, Das Christentum und die Weltreligionen, Freiburg im Breisgau, 4. Auflage 2005, S. 115, 137 f.

[216] **Riemann**, Fritz, a.a.O., S. 138.

[217] **Martini**, Carlo Maria, Kardinal, Angst statt Mut? Das letzte Interview mit Carlo Maria Marini, in: Gottesspuren, München 2013, S. 246f.

[218] Brief an Diognet 5, in: **Guyot**, Peter, Klein, Richard, in: Das Frühe Christentum bis zum Ende der Verfolgungen. Eine Dokumentation, Bd. 1: Die Christen im heidnischen Staat (=Texte zur Forschung Bd. 60), Darmstadt 1993, S. 246f., bearbeitet und aktualisiert von Werner Hummel.